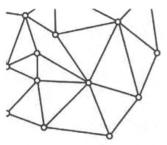

Hear, O Israel : The LORD our God is on
And thou shalt love the LORD the God wit
and this all thy soul, and with all thy mi
and those words, which I command thee th
shall be in thine heart:

the Family 더 패밀리

인도자 지침서

가정, 교회, 사회, 하나님 나라 / SH 쉐마교육에서 해답을

Global SH Shema Academy
글로벌 SH 쉐마교육원

이스라엘아 들으라 우리 하나님 여호와는
오직 유일한 여호와이시니 너는 마음을 다
하고 뜻을 다하고 힘을 다하여 네 하나님
여호와를 사랑하라 오늘 내가 네게 명하는
이 말씀을 너는 마음에 새기고 네 자녀에
게 부지런히 가르치며 집에 앉았을 때에든
지 길을 갈 때에든지 누워 있을 때에든지
일어날 때에든지 이 말씀을 강론할 것이며
너는 또 그것을 네 손목에 매어 기호를 삼
으며 네 미간에 붙여 표로 삼고 또 네 집
문설주와 바깥 문에 기록할지니라
(신 6:4-9)

쉐 마

Πάτερ ἡμῶν ὁ ἐν τοῖς οὐρανοῖς· ἁγ
ιασθήτω τὸ ὄνομά σου· ἐλθέτω ἡ β
ασιλεία σου· γενηθήτω τὸ θέλημά
σου, ὡς ἐν οὐρανῷ καὶ ἐπὶ τῆς γῆς·
... ἄρτον ἡμῶν τὸν ἐπιούσιον δὸς
... ημερον. καὶ ἄφες ἡμῖν τὰ ὀφ
...ατα ἡμῶν, ὡς καὶ ἡμεῖς ἀφίεμ
... τοῖς ὀφειλέταις ἡμῶν· καὶ μὴ εἰ
σενέγκης ἡμᾶς εἰς πειρασμόν, ἀλλὰ
ῥῦσαι ἡμᾶς ἀπὸ τοῦ πονηροῦ. Ὅτι
σοῦ ἐστιν ἡ βασιλεία καὶ ἡ δύναμι
ς καὶ ἡ δόξα εἰς τοὺς αἰῶνας. ἀμήν.

하늘에 계신 우리 아버지, 아버지의 이름
을 거룩하게 하시며 아버지의 나라가 오게
하시며, 아버지의 뜻이 하늘에서와 같이
땅에서도 이루어지게 하소서. 오늘 우리에
게 일용할 양식을 주시고, 우리가 우리에
게 잘못한 사람을 용서하여 준 것 같이,
우리 죄를 용서하여 주시고, 우리를 시험
에 빠지지 않게 하시고, 악에서 구하소서.
나라와 권능과 영광이 영원히 아버지의 것
입니다. 아멘. (마 6:9-13)

주기도

SH 쉐마교육, 더 패밀리

שְׁמַע
Shema

신 6:4-9

Πάτερ ἡμῶν
Lord's Prayer

마 6:9-13

들어가기 전에

한국교회의 성장은 성령님의 역사와 함께 병 고침, 물질의 축복, 후손의 번성, 사후 천국 등에 힘입은 바 크다. 그런데 과거에 사람들의 관심을 끌었던 요소들은 이제 그 영향력을 거의 잃은 상태이다. 이를 대체하기 위해 수많은 교회 성장 프로그램이 도입되었지만, 침체된 교회를 회복시키기에는 역부족이다.

교회는 침체를 극복하려고 초대교회의 이상을 따라 "가정 같은 교회, 교회 같은 가정"을 꿈꿨지만, 성도들의 신앙생활은 여전히 지역교회 중심이다. 비록 "가정교회"라는 이름으로 모일지라도, 이는 단지 지역교회의 성도들이 가정에 모이는 "교회 모임"(church in the house)에 불과하다. 지역교회는 성경적이고 시대 상황을 반영하는 '가정교회'(family church)가 각 성도의 가정에 세워지도록 유용한 지도를 하지 못했다.

우리 시대의 교회가 직면한 가장 큰 도전은 급격한 인구 감소와 세속화로 인한 탈종교화이다. 이런 상황에서 지역교회가 과거의 방식들을 관성에 따라 열심히 반복하는 것은 문제 회피에 가깝다. 교회 회복의 '골든타임'을 놓치지 않으려면 근본으로 돌아가야 한다. 교회의 본래 정체성인 하나님의 가족을 회복하는 것이 시급하다.

교회는 아버지 하나님, 맏아들 예수 그리스도, 그리고 성도로 구성된 "하나님의 가족"이다. 따라서 한국교회의 회복은 '지역교회'와 하나님의 가족으로서의 '가정교회'(family church)'가 긴밀히 연계될 때 가능하다.

교회와 가정이 하나님의 생기를 회복하는 데, 이 지침서가 유용한 도구가 되기를 바란다.

교재 사용에 앞서

'글로벌 SH 쉐마교육원'에서 출간한 '더 패밀리'(the Family)는 '하나님 나라의 정서'(Emotion)와 '하나님 나라의 성품'(Divine Nature)을 학습한 목회자나 성도가 섬기는 지역 교회나 가정에서 인도하도록 설계되었다.

인도자의 기본 자세

인도자는 가족을 가르치고 변화시키려는 과도한 욕심을 내려놓고, 가족과 즐겁게 소통하며 화목한 시간을 갖는 데 초점을 맞춰야 한다. '더 패밀리'(the Family)는 모든 성도의 가족이 그리스도를 닮은 온전한 하나님의 사람으로 거듭나도록 돕는 것을 목표로 한다. 이 과정에서 주도적 역할을 하시는 분은 성령님이시다.

인도자가 유의할 사항

1. 단원의 주제마다 **소통의 목표**를 달성하도록 노력한다.
2. 한 주제를 1시간 정도 다룬다.
3. 교재 전체를 마쳐야 하는 정해진 기간은 없다.
4. 교육하기보다 소통하며 화목한 시간을 보내도록 한다.
5. 소통의 정도를 결정하는 비언어적 요소에 주의한다.
6. **나만의 경건 생활**(교재 p.16)이 실천되도록 돕는다.
7. 기타 사항은 교회의 일반적 소그룹 인도 방법에 따른다.

SH 쉐마교육이 바라는 신앙 교육

SH 쉐마교육은 신앙이 단순히 종교적 행위가 아닌, 삶의 모든 영역에서 하나님과 동행하는 실제적인 경험으로 자리 잡게 한다. 신앙은 미래의 천국을 기다리는 것이 아니라, 지금 이곳에서부터 하나님의 나라를 살아가는 것이기 때문이다.

신앙은 개인의 삶을 넘어 일상에서 가정과 교회, 사회 공동체로 이어져야 한다. 하나님과 이웃을 사랑하는 실천이 중심이 되어야 하며, 이를 위해 초월적 영성과 합리적 사고, 실천 윤리를 조화롭게 교육해야 한다.

기존 교회 교육은 신앙과 현실의 괴리를 해결하지 못했다. 성도들은 신앙을 삶에 적용하는 데 어려움을 겪었고, 신앙이 실천보다 지식에 머물렀다. 이에 SH 쉐마교육은 예수님께서 제자들과 나누신 교육 방식에 따라, 신앙이 삶으로 증명되는 전인적 교육을 추구한다. SH 쉐마교육은 신앙 성숙이 단순한 전도와 사역을 넘어 성품과 신앙 인격의 성장으로 이어지도록 한다. SH 쉐마교육을 받은 성도들은 가르치는 역할에만 머물지 않고, 그리스도를 닮아가며 가족과 교우와 이웃 서로를 긍휼히 여기고 사랑하게 될 것이다.

나아가 신앙 교육은 사회에서도 실제적인 영향력을 미쳐야 한다. 성경적 정서와 성품 교육은 성공적이고 행복한 삶의 필수 요소이며, 신앙이 현실과 유리된다면 짠맛을 잃은 소금처럼 의미를 잃고 만다. 따라서 SH 쉐마교육은 신앙이 개인과 공동체를 변화시키고, 삶의 질을 높이는 실제적 도구가 되도록 하는 것을 목표로 한다.

topic 1   행복한 우리 가정

행복한 가정은
모두 모습이 비슷하고,
불행한 가정은
저마다 나름의 이유가 있다.

"네 집 안방에 있는 네 아내는 결실한 포도나무 같으며 네 식탁에 둘러앉은 자식들은 어린 감람나무 같으리로다."
(시 128:3)

"Your wife will be like a fruitful vine within your house; your sons will be like olive shoots around your table."

나눔과 활동 1

행복한 우리 가정

✚ **소통의 목표**

1. 예수님을 믿은 이후에 일어났던 변화를 이야기하는 시간이다.
2. 가족이 서로의 생각을 교환하며 5행시 짓기를 한다.

우리 그리스도인이 성령님을 이야기할 때면, 흔히 이적, 신비, 능력, 현상, 폭발적인 복음 전도 등을 떠올린다. 그런데 성령님이 우리에게 임하시면, 단순히 외적인 능력이 나타나는 것보다, 자신의 죄악을 깨닫고 회개하게 하시며, 예수 그리스도를 더욱 깊이 알게 하시고, 자신의 존재 이유와 맡겨진 사명을 깨닫게 하신다. 또한 세상에서 일어나는 모든 사건과 사고를 그리스도의 마음으로 바라보도록 인도하신다. 우리가 이런 점을 간과하고 있지 않은지 돌아볼 일이다.

또한 성령님을 모시고 살아가는 성도들은 하나님이 지으신 창조 세계를 사랑하며, 그 안에서 풍성한 생명을 누리고, 매일 기쁨과 감사 가운데 살아가야 한다. 또한 이 땅을 하나님의 뜻이 이루어지는 세상으로 변화시키려고 애쓰는 것이 마땅하지 않겠는가?

특별히 그리스도인에게 가정이란 하나님 나라의 모형이며 신앙의 출발점이 되는 생명 공동체이다. 그러므로 **성령 충만한 그리스도인**이라면 자기 가정이 사랑과 화평 가운데 서로를 존중하며 섬기는 **행복한 가정**으로 세우기를 힘써야 한다.

1. 예수님을 믿고 나서 당신의 삶에 '가장 좋은 변화'는 무엇입니까?

각자의 진솔한 고백을 나누는 시간이다.

'가장 좋은 변화' 대신 "가장 큰 유익, 가장 감사한 일, 달라진 점, 가장 큰 기쁨과 위로" 등으로 바꾸어 질문하고 대답해도 좋다.

예수님을 믿어 죄와 사망에서 자유를 얻은 것이야말로 '가장 큰 기쁨과 위로'이다. 또한 내가 살아갈 이유를 발견한 것이 예수님을 믿은 가장 큰 유익이다. 교회와 가정에서 예배드릴 수 있어 기쁘고, 예수님을 주인으로 모시고 사니 든든하여 좋다. 하지만 필자가 가장 강조하고 싶은 신앙의 유익은, 가정에서 천국을 미리 경험한다는 점이다.

필자가 지난날의 자기 평가에 대체로 만족하는 이유는 '가치관'(value criterion)과 '세계관'(world view)의 중심에 예수님이 계시기 때문이다. 그래서 경제적 압박, 질병과 사고, 자녀의 방황, 교회 개척의 어려움 등을 겪었음에도 "지난날이 행복한 시간이었다."라고 고백할 수밖에 없다.

예수님은 자기를 찾아온 요한의 두 제자에게 "무엇을 구하느냐?"(요 1:38)라고 물으셨다. "너희가 바라는 것이 무엇이냐?"(What do you want?)라는 뜻이다. 예수님을 따르던 무리는 주린 배를 채우고, 병 고침을 받고, 기적을 체험하며, 높은 자리를 차지하기를 바랐다. 그렇다면 당신은 예수님께 무엇을 기대하는가? 필자는 최근에도 "예수 믿어도 받은 것이 없다."라면서 믿음에서 떠난 사람을 만났다. 과연 우리는 예수님에게서 무엇을 구하고 있는가?

2. 온 가족이 마음을 합하여 5행시 짓기를 합니다.

어떤 사람이 예수님을 믿어 구원받았다고 하자. 그런데 그의 가족들은 오히려 구원에서 멀어졌다면, 그 이유를 설명할 수 있겠는가? 부부 중 한 사람만 예수님을 믿는다거나, 부모는 신앙을 갖고 있지만 자녀들은 교회를 다니지 않는 경우를 생각해 보라.

"주 예수를 믿으라 그리하면 너와 네 집이 구원을 받으리라."(행 16:31)

이 유명한 약속의 말씀이 현실에서 이루어지지 않는 이유는 무엇 때문일까?

구원의 기쁨과 감격이 현실의 삶에 건강한 영향을 미치지 못했기 때문일까? 맹목적인 신앙으로 인해 가정생활에 변화가 없었기 때문일까? 지역교회가 성도들이 그리스도의 형상으로 변화되도록 해산하는 수고(갈 4:19)를 게을리했기 때문일까? 이유가 무엇이든, '너'의 구원이 '네 집'의 구원이 되지 못한 이유를 깊이 고민해 보아야 한다.

행 . 행복이 넘치는 우리 가정
복 . 복의 근원 되신 주님이 함께 하시니
한 . 한없는 사랑과 평화가 가득하네
가 . 가족 모두가 서로를 존중하고 사랑하니
정 . 정다운 웃음소리 우리 가정에 끊이지 않네

3. 우리 가정이 행복해지려면 다음과 같은 것들이 필요합니다.

인도자는 가족의 다양한 의견을 열린 마음으로 들을 수 있어야 한다.

어떤 사람은 육체적 건강과 넉넉한 물질이 행복의 가장 중요한 조건이라고 말할 것이다. 또 어떤 사람은 건강도 물질도 중요하지만, 무엇보다 가정이 화목해야 행복하다고 말할 것이다. 학생이라면 좋은 성적과 원만한 학교생활, 청년이라면 안정된 직장과 미래의 보장, 부모라면 자녀가 성공하는 것이 행복에 필수적이라 말할 것이다.

그러나 아무리 건강하고 풍족하게 살아도, 가족 간의 관계가 깨어진다면 그 안에서 행복을 누리기는 어렵다. 가정의 행복은 외적인 조건뿐 아니라 영적, 정서적 관계 속에서 이루어진다는 점을 기억해야 한다.

나눔과 활동 2
행복한 감정

✚ 소통의 목표

1. 행복에 대한 서로의 생각을 진솔하게 나눈다.
2. 예수 믿는 신앙과 행복한 삶의 상호관계를 이야기한다.

필자가 교회를 개척하던 시절, 생활비와 아내의 입원비를 마련하기 위해 서울과 경기도를 중심으로 천여 곳에 이르는 교회를 다니며 책을 판매한 적이 있다. 당시 중대형 교회의 목회자는 애초에 만나기 힘들었고, 주로 지하, 상가, 가정에서 목회하는 분들과 대화할 기회가 많았다. 여러 교회를 방문하다 보니 목회자들의 표정이 눈에 들어오기 시작했다. 그들의 표정은 대체로 두 가지로 나뉘었다. 밝고 평안해 보이는 목회자, 평안해 보이려 애쓰지만 지쳐 보이는 목회자.

필자는 많은 목회자들과의 만남을 통해, 그들도 건강, 물질, 가족 관계 등 주변 환경의 영향을 받으며 목회하고 있음을 확인하게 되었고, 결과적으로 깨닫게 된 **신앙과 감정의 관계**는 다음과 같다.

첫째, 사람에게 감정이 있는 것은 하나님의 형상으로 창조되었기 때문이다.
둘째, 목회자 역시 불안, 화, 우울함에서 자유롭지 못하다.
셋째, 감정은 신앙생활을 방해하는 불필요한 것쯤으로 오해되고 있다.
넷째, 감정은 행복한 가정과 건강한 교회가 세워지는 데 영향을 미친다.
다섯째, 감정의 조절 관리는 가정과 교회에서 교육되어야 한다.

사도 바울은 "너희 몸으로 하나님께 영광을 돌리라."(고전 6:20) 했다. 여기에서 '몸'(body)은 육신(신체, flesh, 요 1:14)은 물론, 감정, 생각, 경건까지를 포함하는 '유기적 조직체'(organism)이다. 그러므로 그리스도인은 "육신은 속되고 감정은 하찮다."라는 생각을 버려야 한다. 특별히 **감정**은 신앙생활과 무관한 것이 아니라, 오히려 **건강한 신앙**과 **행복한 가정**을 이루는 중요한 요소임을 기억해야 한다.

1. 행복은 어떤 것들로부터 영향을 받습니까?

행복에 영향을 미치는 요소들은 서로 연결되어 있다.

사람은 유기체이므로 몸의 작은 변화일지라도 전체에 영향을 미친다. 예를 들어, 좋은 생각을 하면 우울한 감정이 사라지고, 몸을 움직이면 기분이 전환되며, 의지를 발휘해 봉사하면 상쾌한 기분이 든다. 특히 그리스도인은 '지정의'(知情意)를 조절, 관리하는 경건의 힘으로 온전한 행복을 경험할 수 있다.

2. 어느 것이 행복에 가장 큰 영향을 미치겠습니까?

행복에 미치는 영향력의 크기는 삼각형의 면적으로 비유할 수 있다.

■ 신체적 건강(PQ, Physical Quotient)

만약 암에 걸렸거나 교통사고로 척추가 부러졌다면, 행복을 온전히 누릴 수 있을까?

■ 정서적 건강(EQ, Emotional Quotient)

출애굽한 이스라엘 백성은 하나님의 인도하심을 받았지만, 열악한 환경으로 끊임없이 원망과 불평 속에서 광야를 헤맸다. 감정과 행복은 아주 밀접하게 관련되었다.

■ 지적 능력(IQ, Intelligence Quotient)

높은 지능(IQ)은 살면서 겪는 갖가지 문제를 해결하는 데 도움을 준다. 하지만 신체적 정서적 건강이 뒷받침되지 않는다면, 높은 지능도 행복을 보장해 주지 않는다.

■ 영적 건강(SQ, Spiritual Quotient)

경건의 능력을 나타내는 SQ는 신체적, 정서적, 지적 능력이 부족할지라도 부정적인 영향력을 조절하고 관리할 수 있는 힘을 제공하여 행복을 누리게 한다(롬 8:13 참고).

✔ (교재 '**인간 이해 & 정서, 성품 훈련**' 참고, p.130)

3. 예수님을 믿어야만 행복한 이유를 설명할 수 있습니까?

모든 사람은 죽음에 대한 근원적인 두려움을 가지고 있다. 당신이 인정하지 않을지라도, 죽음에 대한 두려움은 인간 내면 깊숙이 자리한 가장 어두운 감정이다. 이 교재에서 다루는 '걱정(6과), 화(7과), 우울(8과)' 역시 죽음에 대한 두려움에서 비롯된 감정이다. 즉, 죽음의 문제가 해결되지 않으면 사람은 결코 두려움에서 벗어날 수 없으며, 참된 행복을 누릴 수도 없다.

그렇다면 인간은 어떻게 죽음의 문제를 해결할 수 있단 말인가? 그 해답은 예수 그리스도 안에 있다. 사람이 죽는 것은 단순히 생물학적 수명이 다했기 때문만이 아니다. 성경은 인간의 죽음을 이렇게 설명한다. "사람은 생명을 창조하신 하나님을 떠났는데, 그것이 '죄'이며, 죄의 결과는 '사망'이다." 그런데 예수님은 십자가에서 죽으심으로, 죽음 앞에 있는 사람을 영원한 생명이신 하나님께 접붙이셨다(히 2:15, 롬 11:17). 그러므로 예수님이 없는 행복은 거짓되고 공허한 행복일 뿐이다.

그러면 예수님을 영접한 모든 그리스도인은 자동으로 행복하단 말인가? 그렇지 않다. 예수님을 믿는 것 자체가 무조건적인 성공과 행복을 보장하는 것은 아니다. 진정한 행복은 예수님을 믿는 것에서 출발하지만, 그 믿음이 경건의 능력으로 이어질 때 비로소 삶 속에서 행복이 경험된다.

나눔과 활동 3
바른 신앙생활

✚ 소통의 목표

1. 예수님을 잘 믿는 '바른 신앙생활'을 이해하고 설명할 수 있게 한다.
2. 행복한 가정을 이루어 이웃과 바른 관계를 맺게 한다.

하나님 사랑, 이웃 사랑은 크고 첫째 되는 계명이다(막 12:28, 33). 이 두 계명은 동전의 양면과 같으며 등을 맞대고 있는 관계이다. 그런데 성경이 이웃 사랑을 이토록 강조하지만, 우리는 **가장 가까운 이웃**인 가족조차 사랑이 메말라가는 시대를 살아가고 있다. 그렇다면 1인 가구 시대가 늘어나는 현실에서 교회는 어떻게 대비해야겠는가?

가정은 끊임없이 의견 충돌, 가난, 질병, 분쟁, 사고, 사망 등 다양한 악한 세력의 위협을 받고 있다. 하지만 가족이 예수 안에서 바른 신앙생활을 하며 서로 사랑한다면, "이 모든 일에 우리를 사랑하시는 이로 말미암아 넉넉히 이길 것(롬 8:37)."이다.

1. 그리스도인의 바른 신앙생활은 다음 사실로 확인할 수 있습니다.

   1) 하나님   2) 이웃   3) 아내, 자녀

하나님 사랑과 이웃 사랑은 분리될 수 없다. 이런 의미에서 가족의 화목은 성도가 하나님과 이웃을 얼마나 사랑하는지를 보여주는 척도이다. 그러므로 교회 공동체에서 칭찬받는 성도일지라도, 그의 가정이 화목하지 않다면, 과연 그 신앙이 바른 것인지 성찰해 볼 필요가 있다.

사도 바울은 세상과 구별된 '새 사람'(엡 4:24, 골 3:10)을 입은 그리스도인의 삶이 구체

적으로 '아내와 남편'(엡 5:22-28, 골 3:18-19), '자녀와 부모'(엡 6:1-4, 골 3:20-21)의 관계 속에서 증명되어야 한다고 주장한다. 결국, 바른 신앙은 교회 안에서의 모습이 아니라, 가정에서 예수님의 주인 되심이 얼마나 잘 실현되는지에 달렸다.

2. 그리스도인이 '사랑해야 할 이웃'은 구체적으로 다음과 같습니다.

- 가난한 자 (교재 **'쯔다카 훈련'** 참고, p.131)
- 재능이 부족하여 사회에서 뒤처지는 사람
- (지역교회의) 성도
- 부부, 부모와 자녀, 형제와 자매 등

3. 가정의 행복을 허무는 악한 세력들은 무엇이며, 어떻게 대비합니까?

1) 가정의 행복을 허무는 악한 세력들은 다음과 같습니다.

① 가난(경제적 어려움)　　② 분쟁(관계의 깨어짐)
③ 질병(건강 문제)
④ 부모의 이혼, 각종 중독(술, 담배, 마약, 도박, 게임, 유튜브 등), 불의의 사고 영적 문제(주일 불성수, 기도와 말씀을 멀리함)

2) 당신은 위와 같은 세력들을 어떻게 대비하고 있습니까?

많은 사람이 가난을 대비하여 열심히 일하고, 사고를 방지하려고 안전 교육을 받으며, 질병을 예방하려고 건강 관리를 한다. 그러나 진정한 대비는 그리스도를 가정의 주인으로 모시는 가운데 규칙적으로 가정예배를 드리며, 한마음으로 소통하며 화목한 가정이 되는 것보다 더 좋은 대비책은 없다.

나눔과 활동 4
SH 쉐마교육

✚ 소통의 목표

1. 쉐마교육의 실천 원리와 SH 쉐마교육의 강조점을 이해하게 한다.
2. 본 교육이 앞으로 어떤 방식으로 진행될 것인지 가족이 상의하는 시간을 갖는다.

하나님은 애굽에서 종살이하던 이스라엘 자손을 사랑하셔서 그들을 광야로 인도하셨다. 이어 하나님은 그들이 대대로 **복**을 받고 **번성**하도록(신 6:3) 쉐마교육을 명하셨는데, 여기에는 하나님의 백성이 지키며 살아야 할 '명령, 규례, 법도(신 6:1)'를 담고 있다. 그러니까 광야는 쉐마교육을 실천하는 학교인 셈이다.

SH 쉐마교육은 신명기 6:3절에서 언급된 '번성(**S**, success)'과 '복(**H**, happiness)'에서 따온 개념이다. SH 쉐마교육은 하나님의 말씀이 다음 세대에 전달되도록 **가정의 정서**를 강조한다. 말씀을 전하는 과정에서 부모의 사랑과 따뜻한 가정 분위기가 필수적이라는 뜻이다.

1. 쉐마교육이 가정에서 실천되는 원리는 다음과 같습니다.

1) 할아버지(할머니), 부모, 자녀로 이어지는 '내리 교육'이다.
2) 시간과 장소를 가리지 않고 부지런히 지속 반복하는 교육이다.
3) 손목에 붙이고 바깥 문에 기록하는 등 시각적이며 입체적인 교육이다.

신명기 6:4-9절은 '쉐마'(shema, 신 6:4절의 '들으라')로 알려진 하나님의 '교육 명령'으로, 이는 '이스라엘 백성'뿐 아니라 영적 아브라함의 자손인 그리스도인(롬 4:13, 갈 3:7)에게도 해당한다.

쉐마교육이 실천되려면 가정에 따뜻하고 화목한 정서가 흘러야 하며, 이러한 분위기 속에서 부모의 믿음과 지혜가 자녀 세대로 자연스럽게 전달된다. 또한 의와 평강과 희락(롬 14:17)과 같은 하나님 나라의 정서 또한 자연스럽게 후손에게 상속될 것이다.

2. (신명기 6:7절과 같이) **부모가 자녀에게 . . . 어떤 일이 벌어지겠습니까?**

신명기 6:7절처럼 부모가 자녀에게 때와 장소를 가리지 않고 자나 깨나 가르치면, 자녀에게는 좋은 교훈도 잔소리로 느껴질 것이다. 이런 상황이 지속되면 수직적인 부모의 문화와 수평적인 자녀 세대의 문화가 충돌하여 갈등이 깊어질 것이다.

한국 사회에서 부모가 신앙, 예절, 도덕성 등을 교육하면 관계 악화로 이어지기 쉽다. 그래서 부모는 자녀 교육을 학교 공부와 대입 시험 준비로 한정하는 경향이 있다. 그러다 보니 부모는 신앙교육까지도 교회 등 외부 기관에 맡기는 것이 일반적이다.

3. **'더 패밀리**(the Family)**'가 가정에서 어떤 방식으로 진행되면 좋겠습니까?**

인도자는 이 교재의 흐름을 소개하고, 이어 함께 **동영상**을 본 후에, 가족들과 진행 방식을 상의한다. 자기 의견이 반영되는 만큼 성실하게 가족 모임에 참여할 것이다.

✔ 동영상 1 : **'말하는 공부방'** ("우리는 왜 대학에 가는가? 5부, 말문을 터라, EBS" 인용)
　　　　　교재 **'가정교회의 모임'** 참고, p.132

가족이 화목하고 행복해야 모임이 지속될 수 있으며, 그래야만 부모의 메시지가 자녀에게 자연스럽게 전달된다. 이런 과정에서 하나님의 말씀이 자녀의 머리와 가슴에 깊이 새겨져 장기기억으로 남게 될 것이며, 결과적으로 교육의 목표를 이루고 신앙의 대물림으로 이어질 것이다.

나눔과 활동 5

나만의 **경건 생활**

✚ **소통의 목표**

1. 자기만의 경건 생활을 설계하여 실천할 수 있게 한다.
2. '나만의 경건 생활'을 나눔으로써 서로에게 자극이 되게 한다.

이와 같은 실천 과제는 교재의 부록에 두는 것이 일반적이지만, 이 교재의 앞부분에 배치한 이유는 **경건 생활을 독려**하기 위함이다.

참고로 제1과에서 8과까지를 한꺼번에 배치한 것은 실천할 내용들을 서로 관련지어 장기 기억하기 위해서이다.

■ 기록할 내용은 다음과 같다.

1. 실천할 경건 생활
2. 각 과를 마친 후에 깨달은 점
3. 물어보고 싶은 질문들
4. 가족 공동체의 기도 내용 등

창조의 절정이 안식이라면
구원의 절정은 샬롬의 평화이다.
가족이 평화롭게 안식하는 가정은
이 땅에 임한 하나님의 나라이다.

"이는 내 뼈 중의 뼈요 살 중의 살이라 . . . 남자가 부모를 떠나 그의 아내와 합하여 둘이 한 몸을 이룰지로다." (창 2:23, 24)

"This is now bone of my bones and flesh of my flesh . . . a man will leave his father and mother and be united to his wife, and they will become one flesh."

나눔과 활동 1
최초의 가족

✚ 소통의 목표

1. 가족은 하나님이 설계하여 만드신 제도임을 알게 한다.
2. 아담의 타락 이후, 하나님의 상속이 어떻게 변했는지 이해하게 한다.

하나님은 아담에게 생명과 성품을 부여하시고, 그가 하나님의 창조 질서 안에서 생육 번성하며 에덴동산을 경작하며 지키게 하셨다(창 1:26-28, 2:15). 그러나 아담은 하나님과의 언약을 어기고 마귀의 유혹에 넘어가 불신앙과 불순종의 죄를 범함으로써(창 3:1-6), 하나님이 허락하신 생명과 복을 상실하게 되었다(롬 5:12, 창 3:17-19).

1. 천지를 창조하신 하나님은 가족 제도를 창조하셨습니다.

1) 가족

하나님이 눈에 보이는 삼라만상과 눈에 보이지 않는 영적 존재들을 창조하시고, 창조의 절정으로서 사람을 지으셨다. 그리고 창조주 하나님은 최초의 사람인 아담과 그의 가족을 통해 이 세상을 관리하시길 원하셨다.

2) 아담 가족의 가계도를 그립니다.

① 아벨   ② 에노스

가족(家族)이 부부를 중심으로 이루어진 집단이라면 가정(家庭)은 한 가족이 생활하는 집이나 생활 공동체를 뜻한다. 아담과 하와는 인류 최초의 가족이었으며, 그들은 동침하여 '가인, 아벨, 셋'을 낳았다(창 4:1-2, 25). 참고로 아담과 하와가 동침했다는 것은 서로를 깊이 알아가는 인격적인 관계에 있었다는 뜻도 포함된다.

불행하게도 아담이 하나님과의 언약 관계를 깨뜨린 이후, 최초의 가족인 아담과 하와는 상대를 탓하기 시작했다(창 3:12, 24). 이러한 갈등과 불화는 자녀에게도 이어져, 가인은 동생 아벨을 살해하는 비극을 초래하였다(창 4:8). 그럼에도 하나님은 인간을 향한 구속의 은혜를 거두지 않으셨는데, 에노스 때에 이르러 사람들은 여호와의 이름을 부르며 예배하기 시작했다(창 4:26).

2. 하나님은 '최초의 가족'에게 무엇을 상속하고 싶었습니까?

하나님의 형상(창 1:26), 하나님 보시기에 심히 좋은 세상(창 1:31),
영원한 하나님의 생명(창 2:7) 등.

최초의 가족인 아담과 하와는 이와 같은 것들을 상속받지 못했다. 그러나 예수 그리스도로 말미암아 하나님의 가족이 된 교회는 그 구성원 모두가 하나님의 형상을 회복하고(롬 8:29, 고후 3:18) 하나님 보시기에 심히 좋은 세상(새 하늘과 새 땅, 계 21:1)에서 하나님의 생명을 영원히 누리는 복을 누리게 될 것이다(계 22:5).

3. 타락한 아담은 후손에게 어떤 것들을 물려주게 되었습니까?

저주받은 땅: 땀흘려 수고한 만큼 소득이 없는 고단한 삶 (창 3:18-19)
죽음: 하나님의 생명에서 끊어진 죽음 (창 3:19, 롬 5:12)
망가진 성품: 두려움(창 3:10), 책임전가 (창 3:12)

아담의 타락으로 말미암은 결과는 후손에게 영향을 미쳤으며(롬 3:23), 예수 그리스도로 말미암아 회복된다(롬 5:17, 고후 5:17).

나눔과 활동 2

아브라함의 가족

✚ 소통의 목표

1. 가족의 정서는 다음 세대로 흘러간다는 사실을 이해하게 한다.
2. 아브라함과 그의 후손이 하나님에게서 약속받은 상속이 무엇인지 알아본다.

'마틴 부버'(Martin Buber, 1878-1965)의 '태초에 관계가 있었다'라는 말은 인간 존재가 관계 속에서 형성된다는 점을 강조한다. 우리는 태어나 성장하면서 다양한 가족 관계를 형성하고, 그 안에서 구성원끼리 가까워지기도 멀어지기도 하면서 살아간다.

아브라함과 그의 후손들은 하나님의 약속을 믿음으로 하나님과 가족 관계에 놓이게 된다. 신약시대에도 예수님을 믿음으로 하나님의 가족이 되는 길이 열려있다. 모두 혈통이 아닌 믿음으로 언약 백성이 되고 하나님의 가족이 된다. 따라서 교회는 신앙 공동체를 넘어 하나님의 가족으로서 다음 세대에 믿음과 약속을 전수해야 한다. 특별히 그리스도인은 하나님의 상속자인 이상, 믿음으로 하나님의 선한 약속을 기대하며 살아야 한다.

1. 이삭을 중심으로, 가족의 '친소 관계'를 나타내봅니다.

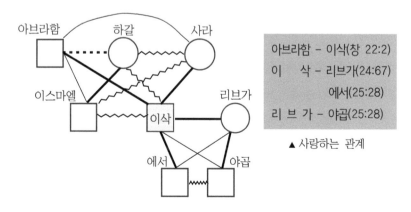

아브라함 – 이삭(창 22:2)
이　　삭 – 리브가(24:67)
　　　　　　에서(25:28)
리 브 가 – 야곱(25:28)

▲ 사랑하는 관계

2. 아브라함, 이삭, 야곱은 자녀와의 애착에 어떤 특징이 있습니까?

부모가 어느 한 자녀를 치우치게 사랑하는 편애가 있었다.

부모라면 누구나 자녀를 사랑하지만, 아브라함은 사라의 여종 하갈에게서 난 이스마엘을 사랑했음에도 불구하고, 사라의 요청에 따라 하갈과 이스마엘을 광야로 내보냈다(창 21:9-14). 아브라함이 사라에게서 난 이삭을 이스마엘보다 사랑했다는 내용이 성경에 명시적으로 기록되지 않았지만, 전체적인 맥락에서 그런 해석이 가능하다. 결과적으로 광야로 내보내진 이스마엘은 한 민족을 이루지만 하나님의 약속을 받는 사람은 이삭이었다(갈 4:23).

맏이가 되는 에서는 아버지의 사랑을 받았고, 둘째 아들 야곱은 어머니 리브가의 사랑을 받았다(창 25:28). 그런데 에서는 평소에 장자의 명분을 가볍게 여겼던 터라, 때마침 배가 주리자, 동생이 쑤고 있던 팥죽을 받아먹고 그 대가로 자신에게 있던 '장자의 명분'(권리, 상속권)을 동생 야곱에게 팔고 만다(창 25:33-34).

야곱은 네 명의 아내 가운데 라헬을 더욱 사랑했고(창 29:18, 20, 30), 그녀의 아들 요셉을 유달리 사랑했다(창 37:3). 또한 야곱은 요셉이 낳은 두 아들 므낫세와 에브라임을 자기 아들처럼 받아들여 요셉이 법적인 장자가 되게 했다(창 48:5). 이토록 야곱은 그 많은 자녀 중에 요셉을 각별히 사랑했다.

참고로 유다는 르우벤처럼 태생적인 장자도 아니고, 요셉처럼 아버지 야곱으로부터 각별한 사랑을 받은 명목상의 법적인 장자도 아니었다. 다만 난관에 부딪힌 현실의 삶에서 장자 노릇을 함으로써(창 43:3-10, 44:18-34) 실질적으로 장자의 권리를 상속받는다. 유다의 후손으로 그리스도가 오심으로써 유다의 장자됨은 이론의 여지가 없게 되었다. 그는 죄가 더한 가족의 흑역사 속에서 하나님의 은혜를 넘치도록 받은 자이다(롬 5:20).

2. 하나님의 창조, 가족

3. 아브라함과 그의 후손들은 하나님으로부터 무엇을 약속받았습니까?

    1) 민족, 땅

    2) 복의 통로

아브라함(창 12:3)과 그의 후손인 이삭(창 26:4)과 야곱(창 28:14)은 하나님으로부터 하늘의 별처럼 많은 큰 민족과 그들이 살아갈 땅을 약속받았다. 또한 그들은 '땅의 모든 족속(천하 만민)'에게 복의 통로가 되는 영적인 복도 약속받았다. 특별히 영적인 복이란 아브라함의 씨로 오실 예수 그리스도로 말미암아 천하 만민이 복을 받게 된다는 것이다(창 22:18, 행 3:25).

아브라함은 자기 후손 가운데 구원자가 오셔서 천하 만민이 구원의 복을 받게 될 것을 미리 알고 기뻐하였다(요 8:56). 이 복은 역사적으로 그리스도가 아브라함의 후손으로 오셔서(마 1:1) 십자가에서 화목제물이 되심으로 성취되었다(요일 2:2). 결국 천하 만민이 받을 구원의 복은 그리스도를 믿는 자마다 의롭다 인정받는 복이다(갈 3:8).

아브라함이 하나님으로부터 받게 될 상속은 크게 세 가지이다. 큰 민족, 땅, 그리고 **복**의 통로가 되는 것이다. 여기에서 복이란, 장차 아브라함의 후손으로 성육신하신 예수 그리스도를 믿는 자들에게 주어질 **구원**과 **영생**을 의미한다.

나눔과 활동 3
우리 가족

✚ 소통의 목표

1. 가계도를 그리면서 서로를 더 잘 이해하려는 시간을 갖는다.
2. 부모님을 통해 받을 상속에 대해 생각하는 시간을 갖는다.

하나님이 아담에게 에덴동산의 관리를 맡기셨지만, 동산 가운데 있는 선악을 알게 하는 나무의 열매를 먹는 것은 금지하셨다. 그러나 아담은 하나님의 말씀에 불순종하는 죄를 범하였고, 그 결과 아담과 그의 후손들은 죽음, 망가진 성품, 황폐해진 자연을 물려받았다.

하나님은 아담의 죄를 근원적으로 해결하기 위해 아브라함을 부르시고, 때가 되자 그의 자손 가운데 예수님을 이 땅에 보내셨다. 아담의 후손들은 예수님의 죽음으로 하나님과 바른 관계를 회복하고, 예수님을 닮은 성품과 영생 등을 약속받게 되었다. 또한 모든 피조물도 탄식하며 고통을 겪는 데서 벗어날 소망을 갖게 되었다(롬 8:19-22).

그런데 죄에서 구원받은 그리스도인이라도 여전히 영적, 정신적, 육체적으로 죄성(罪性)과 연약함을 안고 살아간다. 그럼에도 가족이 둘러앉아 **가계도**를 그리며 서로를 돌아보고, 하나님이 약속하신 선한 것들이 예수님이 재림하실 때까지 세대를 이어 상속되기를 기대하는 시간을 가져보자.

1. '우리 가족'의 가계도를 그립니다.

가족이 함께 가계도(family tree)를 그리는 시간은 서로를 돌아보고 이해하는 정서적으로 소중한 시간이다.

　(외)할아버지, (외)할머니의 이름을 모르는 손주(손자와 손녀)들이 많다. 그들은 집안의 어른이지만, 때때로 이름조차 알려질 필요가 없는 '가정의 도움이'처럼 여겨지기도 한다. 가슴 아프지만, 우리는 삼촌, 고모, 이모라는 단어도 낯설게 들리는 고독한 시대에 산다.

　본 가계도에는 사람 위쪽에 '이름'을, 아래쪽에 '나이'를 쓰도록 했다. 어린 자녀들을 인도한다면 '성함, 존함'의 의미와 '연세, 춘추'의 뜻, '삼촌, 이모, 고모'가 무엇을 의미하는지 알려 주는 것도 좋다.

2. 다음과 같은 면에서 서로 비슷한 가족끼리 선으로 연결합니다.

　마음 놓고 선을 긋도록 그림을 '두 곳'(p.26-27)에 준비했다.

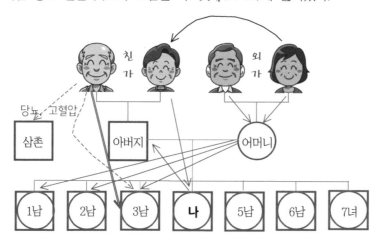

- ■ 신　　앙 : ＿＿＿＿＿
- ■ 질병 : - - - - - - - - -
- ■ 술, 담배 : ＿＿＿＿＿
- ■ 이혼, 기타 : ⋯⋯⋯⋯

✔ 필자의 가족을 예로 들었다.

　조상과 후손들, 부모와 자녀들은 다양한 모습으로 서로 연결되어 있다.

3. 당신은 부모님으로부터 무엇을 상속받고 싶(었)습니까?

부모가 주의 교훈과 훈계로 자녀를 양육하면(엡 6:4) 신앙과 성품이 다음 세대로 흘러가야 하는데, 현실은 그렇지 않다. 부모가 마귀의 간계를 직시해야 하는 이유이다.

우리 사회는 학력, 재산, 지적 능력의 대물림이 가속화되고 있지만, 성품과 신앙은 전해지지 않는 경우가 많아지고 있다. 성경은 가정이 하나님의 뜻을 이루는 중요한 장소라고 가르치며, 부모가 자녀를 교훈과 훈계로 양육하는 것은 그들의 삶의 방향과 신앙의 기초를 세우는 일임을 강조하고 있다.

부모가 진심으로 자녀에게 신앙과 성품이 상속되기를 바란다면 무엇보다 부모가 믿음 안에서 서로 사랑하는 본을 보여야 한다. 그렇다면 자녀도 자연스럽게 그 믿음과 성품 안에서 성장하게 될 것이다.

> ✔ 하나님은 부모를 통해 나를 세상에 보내시고, 그들을 통해 생명의 선물을 값없이 주셨다. 그러므로 나는 부모를 통해 생명의 주인 되시는 하나님을 볼 수 있어야 한다(출 20:12).
>
> 하나님은 부모와 조상들을 통하여 육체적 건강, 좋은 머리, 지혜, 예수 믿는 신앙, 성격, 물질 등 다양한 좋은 것들을 후손들에게 선물로 주신다. 내가 누리는 모든 것이 부모의 부모를 통해 상속되었음을 깨닫고, 또한 모든 좋은 것들이 당연하지 않은 만큼 하나님께 감사해야 한다.
>
> 내가 원치 않는 좋지 않은 것들도 물려받을 수 있지만, 내가 태어난 것이 부모의 뜻만이 아닌 하나님의 선하신 뜻임을 알게 될 때, 우리는 하나님의 사랑 안에서 부정적인 상속들까지도 넉넉히 극복하여(롬 8:37) 새롭게 태어나고도 남는다.

나눔과 활동 4
다양한 가족

✚ 소통의 목표

1. 우리 이웃들은 어떤 형태의 가족을 이루며 살아가는지 살펴본다.
2. 하나님의 가족은 어떻게 탄생하는지 알아본다.

농경사회에서는 가족이 많을수록 생산력이 커 대가족을 이루는 것이 필연적이며, 삶의 경험과 지혜를 축적한 연장자가 가정의 중심이 되었다. 그러나 오늘날 1-3인 가족이 대세를 이루면서 가족이란 개념이 갈수록 약화되고 있으며, 이는 인간의 존엄성에도 영향을 미치고 있다. 예를 들어, 청소년의 절반 이상이 조부모를 가족으로 여기지 않으며, 3/4이 애완동물을 가족으로 인식할 정도로 변화가 일어나고 있다. 이러한 가족 개념의 변화는 하나님의 가족인 지역교회의 약화로 이어지고 있는 실정이다.

특히 1인 가구의 증가는 가족 안에서도 관계의 단절과 소외를 초래하고 있다. 그 옛날, 어떤 율법 교사가 예수님께 "내 이웃이 누구입니까?"(눅 10:29)라고 물었던 것처럼, 오늘날 우리도 **"내 가족이 누구인가?"**라는 질문을 던져야 할 때이다.

지역교회는 소외와 인간성 상실이 심화되는 요즘의 사회적 상황 속에서 따뜻하고 기댈 만한 **대안 가족**이 되어야 한다.

1. 가족(家族, family)에 대해 다시 생각해 봅니다.

1) 아브라함의 가족 관계를 살펴보겠습니다.

① 하갈 - 사라 : (X)　　② 이스마엘 - 이삭 : (○, X)

③ 사라 - 리브가 : (○)　　④ 아브라함 - 에서 : (○)

대한민국 '건강가정기본법'(健康家庭基本法)은 가족을 혼인, 혈연, 입양으로 이루어진 사회의 기본 단위라고 정의한다. 민법 779조(가족의 범위)는 가족을 배우자, 직계 혈족 및 형제, 자매로 한정하였다.

이에 기초하여 ① ~ ④의 가족 관계를 살펴보자.

①에서, 한 가정에 아내가 둘일 수는 없다. 그러므로 하갈과 사라는 가족이 아니다.

②에서, 혼외 자식인 이스마엘은 본처의 자식인 이삭과 가족 관계가 될 수 없지만, 이스마엘이 입양되면 이삭과 가족이 될 수 있다.

③에서, 사라와 리브가는 시어머니와 며느리 관계이므로 가족이다.

④에서, 아브라함과 에서는 할아버지와 손자 관계이므로 가족이다.

2) 우리 주변에는 갈수록 다양한 형태의 가족이 생겨나고 있습니다.

① 어떤 형태의 가족이 제일 행복해 보입니까?

개인적 의견을 나눈다.

우리 주변에는 대가족, 핵가족, 한부모가족, 입양가족, 다문화가족 등 다양한 형태의 가족이 있다. 성경은 신앙교육의 모델로 대가족을 전제하고 있는데(신 6:6-9), 핵가족은 자녀 교육에 집중할 수는 있지만 **신앙의 단절**이 우려된다.

우리 시대는 사회 변화 속에서 새로운 형태의 가족이 등장하고 있는데, 이는 가족의 기능과 역할이 변화하고 있음을 보여준다. 예를 들어 서로의 삶을 경제적으로 돌보며 사회적으로 지지하는 등 다양한 형태의 비혼 가족이 생겨나고 있다. 따라서 대가족과 핵가족만을 정상으로 보는 태도를 지양하고, 다양한 가족을 존중하고 이해하는 개방적 시각이 필요하다. 하지만 개인의 선택과 가치를 존중하되, 하나님의 창조 질서에 어긋나는 동성결혼과 그들의 자녀 입양에 대해서는 경계해야 한다.

② 1인 가구 증가 원인과 혼자 사는 불편함에 대해 논의합니다.

1인 가구가 증가하는 이유는 개인주의의 확산, 디지털 문화의 발달, 비혼 문화, 취업난, 여성의 경제적 독립, 1인 가구 대상의 서비스 발달, 고령화 저출산으로 인한 인구 구조의 변화, 직장과 학교로 인한 가족의 분리 등을 들 수 있다. 한국 사회는 10년 이내에 1인 가구가 50%에 이를 만큼 소외된 사회로 급변하고 있다.

혼자 사는 불편함은 정서적 고립, 우울감, 급증하는 생활비, 불규칙한 식생활로 인한 건강 문제, 축소되는 사회적 관계망, 제한적인 여가 활동, 노후의 질병과 정서적 고립, 긴급한 상황에 대처하기 어려운 문제 등으로 나타난다. 이에 교회는 다가오는 1인 가구 시대에 대안 가족의 역할을 준비해야 한다.

2. 당신이 '하나님의 가족'이 되려면 다음 과정을 거쳐야 합니다.

1) 예수님을 영접
2) (물)세례

예수님을 구주로 영접하면 구원받아 자동으로 '하나님의 가족'이 된다. 하지만 형식적으로는 물세례를 받아야 한다.

물세례는 교회의 회중이 보는 앞에서 입으로 신앙을 고백하고, 교인으로서 권리와 의무에 서약한 후, 목회자로부터 물로 세례를 받는 순서로 진행된다. 마지막으로 목회자는 성부와 성자와 성령의 이름으로 그가 교회 공동체의 일원이 된 것을 선언한다.

이처럼 물세례를 받으면 형식적으로 '하나님의 가족'이 되지만, 진정으로 하나님의 가족이 되려면 성령으로 세례를 받아 '그리스도의 영'이 그 안에 계셔야 한다(롬 8:9).

나눔과 활동 5
하나님의 가족

✚ 소통의 목표

1. 하나님의 가족이 탄생하는 과정을 이해한다.
2. 자신이 거듭났다는 사실과 거듭남의 유익이 무엇인지를 설명하게 한다.

하나님은 창조주이시며 아버지이시고, 예수 그리스도는 우리의 주(the Lord)이시고 그의 유일하신 맏아들이시다(롬 8:29, 히 1:6). 성도들은 하나님의 자녀이며(요 1:12, 요일 3:1) 동시에 그리스도의 형제이다(마 12:50, 요 20:17).

신약성경에서 **하나님을 아버지**로, **그리스도를 형제**로 비유한 것은 '하나님-예수님-그리스도인'의 관계가 지상에서 가장 사랑스럽고 친밀하며 행복한 영적 가족 관계이기 때문이다. 그러므로 모든 그리스도인은 자신이 거듭난 비밀을 깨닫고 그 놀라운 유익함을 고백할 수 있어야 한다.

> ✔ p.30의 그림 설명
>
> '거듭남'(위에서 남, 중생, 요 3:3), '죄와 사망'(롬 5:18, 8:2)과 '의와 생명'(롬 5:18)

1. '하나님의 가족'은 다음과 같은 준비 과정을 거쳐 탄생합니다.

하나님과 예수님은 당신이 하나님의 가족이 되기까지 모든 것을 완벽하게 준비하셨다. 하지만 예수 그리스도의 복음을 믿는 것은 각 사람이 준비해야 할 몫이다. 그런데 우리 사회가 핵가족화, 1인 가구의 증가로 우리 자녀들은 복음을 접촉할 기회가 갈수록 줄어들고 있다.

1) 하나님께서는 무엇을 준비하셨습니까?

하나님이 '세상'(땅의 모든 사람)을 사랑하셔서, 인류를 구원하시고자 독생자(외아들, one and only Son)를 이 땅에 보내셨다(요 3:16). 그리고 하나님은 '하나님 – 사람' 사이를 가로막던 죄의 문제를 해결하시려고(사 59:2) 예수님을 십자가에서 화목제물로 삼으셨다(롬 5:10, 요일 4:10).

2) 예수님께서는 무엇을 준비하셨습니까?

그리스도께서 우리 죄를 짊어지고 우리를 대신하여 십자가에서 죽으셨다(고전 15:3, 고후 5:15). 그리고 그리스도는 우리를 의롭게 하시려고, 다시 말해 우리를 하나님과 올바른 관계에 놓아주시기 위해 다시 살아나셨다(롬 4:25, 고후 15:4).

다시 말해, 그리스도는 십자가에서 우리 죄를 없애셨을 뿐만 아니라(요일 3:5), 부활하셔서 우리를 하나님 앞으로 인도하여 '하나님의 가족'이 되게 하셨다.

3) 각 사람은 무엇을 준비해야 합니까?

각 사람은 복음을 믿고, 구원을 받아야 한다(고전 15:2). 즉, 예수님을 믿고 영접해야 한다(요 1:12).

복음이란 그리스도께서 우리 죄를 위하여 죽으시고 사흘 만에 다시 살아나신 것이다(고전 15:3-4). 이 복음을 굳게 잡고 헛되이 믿지 않으면 구원을 받고(고전 15:2), 하나님의 은혜로 말미암아(엡 2:8) 하나님의 가족이 된다.

2. '하나님의 가족'이라면 다음 질문에도 답할 수 있어야 합니다.

1) 사람이 '거듭났다'는 것은 무슨 뜻입니까?

거듭남이란 문자적으로 중생(重生, born again), 곧 '두 번째 태어남'을 뜻한다. 그러나 성경에서 거듭남은 위로부터(요 3:3), 곧 하나님으로부터 났다는 뜻이다. 그러므로 사람은 부모에게서 육신(flesh)으로 태어나지만, 예수님을 믿을 때 성령(the Spirit)으로 다시 태어난다(요 3:6).

2) 당신이 거듭났다는 사실을 어떻게 알 수 있습니까?

필자는 고등학교를 졸업한 날 어머니를 잃었고, 몇 년 후에 새어머니가 오셨다. 하지만 필자는 이를 받아들이지 못해 반항적으로 살았다. 필자는 서른 살에 예수님을 영접하고, 새어머니에게 마음 깊이 사죄하였다. 어머니의 사랑이 결핍된 자리에 하나님의 사랑이 채워지자, 새어머니에게 용서를 구할 용기가 생겼다. 필자의 마음이 변화된 것은 새롭게 태어난 증거였다.

"바람은 불고 싶은 대로 분다. 너는 그 소리는 듣지만, 어디에서 와서 어디로 가는지는 모른다."(요 3:8, 새번역) 바람은 보이지 않지만 바람 소리는 들리며, 바람에 의해 나뭇가지나 물체가 움직이는 것으로 바람의 세기까지 알 수 있다. 이처럼 성령으로 난 사람도 그가 생각하고 말하고 살아가는 모습으로 그가 거듭났는지 분별될 수 있다.

필자는 신앙의 여정에서 하나님의 임재를 강하게 경험했다. 갈라디아서 4:6절의 말씀을 깊이 묵상하던 때, 하나님의 사랑이 넘쳐 말할 수 없는 기쁨이 두 달 정도 지속되었고, 동물과 나무까지도 하나님을 찬양하는 것처럼(롬 8:19-23) 느껴졌다. 특히 복음을 전하고 싶은 열망이 커졌다. 이후 성경을 읽는 듯한(고전 14:18-19) 방언을 말하게 되었다.

필자는 이러한 체험이 사라지는 듯해 괴로웠지만, 이는 신앙이 성숙해지는 과정이었다. 지금도 감사한 것은 하나님의 임재를 경험했던 기억이 오랜 세월 동안 삶에 영향을 미치고 있다는 점이다. 지금도 성경이 재미있고, 매 순간 그리스도를 의식하며 살아간다. 또한 하나님을 사랑하듯 이웃을 사랑하려 애쓰며, 교회를 돌본다는 핑계로 돌아보지 못했던 가족에게도 그간 다하지 못한 사랑을 고백하며 살아간다.

거듭난 사람은 하나님의 생명에 잇대어 있음을 인식하기 때문에, 힘든 상황에서도 감사하며 살아갈 수 있다. 주변의 나무들, 풀꽃, 새들, 바람, 밤하늘의 달과 별을 보고 있으면 창조주 하나님의 솜씨에 경탄하지 않을 수 없다. 또한 예수 그리스도의 복음으로 인해 마음이 부요함을 느낀다. 하지만 복음을 따라 사는 나그네길은 고난도 동반됨을 잊지 않고 있다(딤후 1:8 참고).

3. '하나님의 가족'이 되었다면 다음 질문에도 답할 수 있어야 합니다.

1) 하나님과 예수님이 당신에게 어떻게 느껴집니까?

필자에게 하나님은 가족의 모든 것을 책임지시는 자상하고 따뜻한 아버지이시며, 예수님은 따뜻하고 친근한 친구요 가장 좋은 길로 인도하시는 생명이시다.

어떤 그리스도인들은 하나님을 '아버지'라 부르는 것을 힘들어한다. 특히 어린 시절 아버지와의 관계가 소원했던 사람들에게는 더욱 그렇다. 필자 역시 초등학교 5학년 때부터 부모님과 떨어져 지내면서 아버지와 친밀한 관계를 맺지 못했다. 그래서인지 예수님을 영접한 후에도 하나님을 자연스럽게 아버지라 부르기까지는 오랜 시간이 흘렀다.

그러던 어느 날, 기도 중에 조용히 "하나님, 아버지"라고 불러보았을 때, 참을 수 없는 눈물이 흘렀다. '하나님의 가족'으로 다시 태어난 의미를 처음으로 깨닫는 순간이었다. 지금도 하나님을 아버지라고 부를 때면 마음이 따뜻해지고 어린아이가 된 듯한 평안을 느낀다. "하늘에 계신 우리 아버지"(heavenly Father, Πάτερ ἡμῶν; 파테르 헤몬, 마 6:9)

만약 당신이 그리스도인 부모라면, 자녀에게 하나님의 도타운 사랑을 보여주어야 한다. 이러한 사랑을 경험한 자녀들은 일시적으로 믿음에서 떠날지라도, 때가 되면 반드시 믿음을 회복하고 교회로 돌아오게 된다. 이것이 SH 쉐마교육의 핵심 신학이다.

2) '하나님의 가족'이 됨으로써 좋은 점은 무엇입니까?

한 아이가 길에 버려졌다. 차가운 바람이 부는 거리에 홀로 서 있는 그 아이는 두려움과 외로움으로 눈물을 흘리고 있다. 그런데 누군가 따뜻한 손을 내밀며 "애야, 이제 너는 우리 가족이란다. 여기가 네 집이야." 이런 이미지가 하나님의 가족이 된 우리가 누리는 축복이며, 또한 세상이 기대하는 교회의 모습이다.

우리는 하나님 나라의 자녀로 입양되었기에(롬 8:15), 우리 아버지는 하나님이시며(마 6:9), 우리 형제는 예수님이시다(히 2:11). 그래서 우리는 서로를 형제와 자매로 받아주는 사랑의 공동체를 이루며 살아간다(요 13:34-35). 여기에서 '우리'를 '가정의 가족'이나 '지역교회의 가족'으로 대체해 보라. 가족은 혈연을 넘어 서로를 있는 그대로 받아들이고, 조건 없이 사랑하며, 어떠한 상황에서도 서로를 지켜준다.

특히 SH 쉐마교육은 가족을 통한 신앙의 전수를 강조하는데, 지역교회는 각 가정이 세대를 이어 하나님의 가족으로 살아가도록 지도해야 한다.

'하나님의 가족'이 된다는 것은 단순히 '개인적인 신앙'을 갖는 것 그리고 '종교적 소속'이 되었다기보다, 믿음의 가정을 이루어 세대를 이어가는 것을 뜻한다. 우리가 하나님의 가족이 되면, 흙으로 돌아갈(창 3:19) 두려움에서 벗어나 삶의 자리에서 서로를 사랑하는 가운데 하나님이 약속하신 영원한 본향을 미리 맛보며 살아갈 수 있다(계 21:1-4).

✔ 우리은하, 하나님의 가족

우주의 역사는 얼마나 길고 장엄한가? 지구의 역사는 또 얼마나 오래되었을까? 인류의 시작은 얼마나 먼 과거로 거슬러 올라갈까? 그 영겁의 시간 속에서 우리는 지금 한 가족으로 만났고, 교회에서 하나님의 가족으로 연결되었다.

우주는 상상할 수 없을 만큼 광활하다. '우리은하'(the Galaxy) 속에 지구는 미세 먼지보다 더 작은 존재이다. 그 광대한 우주 속에서 우리는 가족으로, 교회에서 하나님의 가족으로 만났다. 이것이 과연 우연일까? 우리가 처한 삶의 정황이 신비요, 기적임을 깨닫는다면, 우리는 무엇 때문에 불안해하며, 또 무엇 때문에 분노하거나 절망하겠는가?

욥은 극심한 고난 중에 하나님께 질문을 던졌다. 그러자 창조주 하나님은 욥에게 질문으로 대답하셨다. "내가 땅의 기초를 놓을 때에 네가 어디 있었느냐?"(욥 38:4) "너는 별자리들을 각각 제때에 이끌어낼 수 있으며 북두성을 다른 별들에게로 이끌어 갈 수 있겠느냐?"(욥 38:32) 천지를 지으신 하나님 앞에서, 욥은 자신의 고통을 초월하는 더 크신 하나님의 섭리를 깨닫고 치유를 받았다.

하박국 선지자는 절망 가운데 하나님을 만난 후 이렇게 고백했다. "오직 여호와는 그 성전에 계시니 온 땅은 그 앞에서 잠잠할지니라."(합 2:20) 그렇다. 하나님을 만난 자는 다투는 대신 잠잠할 수 있고, 불안해하는 대신 신뢰할 수 있으며, 나뉘는 대신 하나가 될 수 있다.

가족 간의 만남, 성도 간의 만남 . . . 이것이 단순히 우연일까? 아니다. 우리가 창조주 하나님을 믿고 예수 그리스도 안에서 하나가 되었으니 우리 만남은 태초부터 예정된 만남이다. 그렇다면 '우리은하' 가운데 자리한 '우리 가정'과 '우리 교회'는 단순한 공동체가 아니라 하나님이 기뻐하시는 거룩한 가족이다. 그러므로 이제, '우리 가정'이 되고 '우리 교회'가 되는 것, 그것이야말로 우리가 마땅히 걸어가야 할 길이 아니겠는가?

topic 3 | 땅에 세워진 가족

가족이 모여 사는 가정은
피할 바위와 산성이 되어야 한다.
비바람과 눈보라가 몰아쳐도
한편이 되어주는 가족이 있어 좋다.

1번째 나눔 / 우리 가족의 추억
2번째 나눔 / 우리 가족의 성공과 행복
3번째 나눔 / 우리 가족의 가치
4번째 나눔 / 우리 가족만의 이야기
5번째 나눔 / 우리 가족의 규칙

"마른 떡 한 조각만 있고도 화목하는 것이 제육이 집에 가
득하고도 다투는 것보다 나으니라." (잠 17:1)

"Better a dry crust with peace and quiet than a house full
of feasting, with strife."

나눔과 활동 1

우리 가족의 추억

✚ 소통의 목표

1. 자신이 머무르는 가족 공동체 대한 애착, 안전함, 자부심을 느끼게 한다.
2. 옛 기억을 추억하여 세대를 이어 그리스도를 섬기는 행복한 가정이 되게 한다.

우리 사회가 거칠고 각박한 이유 중 하나는, 무한 경쟁사회에서 전통적인 가정의 순기능이 점차 사라지고 1~3인 가족 형태가 대세를 이루는 것과 무관하지 않아 보인다. 건강한 사회인과 온전한 그리스도인은 대체로 건강한 가정을 통해 형성되는데, 가정은 다음과 같은 중요한 역할을 한다.

자녀들은 부모로부터 바람직한 결혼 모델을 보고 배우고, 양육의 과정을 경험하며, 희로애락을 함께 겪고, 믿음과 삶의 지혜를 값없이 상속받는다. 또한 가정에서 이루어지는 비밀 없는 열린 대화, 부족함을 감싸는 전적인 사랑, 서로에 대한 신뢰, 존중과 공경을 바탕으로 한 부모와 자녀 사이의 경계 설정, 배려, 자기 역할과 책임, 인간관계 형성, 자존감, 자기희생, 갈등을 해소하는 방법, 일관성 있는 행동과 규칙 등도 빼놓을 수 없다.

만약 지역교회의 가정들이 건강한 추억을 정기적으로 되새긴다면, 세대 간의 틈도 좁아지고 신앙의 전승도 더욱 자연스럽게 이루어질 것이다. 성경에서도 이런 원리를 확인할 수 있다. 출애굽 사건을 떠올려보자. 하나님은 출애굽의 역사가 후대에 기억되도록 유월절과 같은 절기를 제정하셨다(출 12:26-27). 이스라엘의 부모들은 하나님의 분부를 따라 자녀들과 함께 유월절을 지켜왔는데, 이를 통해 세대가 통합되고 여호와 하나님을 믿는 신앙이 자연스럽게 전승되었다.

어떤 자녀들은 조부모를 가족이 아닌 가정의 도움이(helper) 정도로 여기기도 하는데, 이는 가족 간의 추억이 정기적으로 공유되지 못했기 때문일 가능성이 크다. 아무튼 인도자는 가족 간의 통합과 신앙의 전승을 고려하여 가족들이 경험했던 **행복했던 추억**을 **공유**하도록 하되, 하나님이 세우시려는 가정이 되도록 힘써야 한다(시 127:1).

1. 우리 가족의 어른들에 대해 알아보는 시간입니다.

1) 이름, 나이, 고향, 직업, 신앙 정도는 알고 있겠지요?

불행하게도 필자 역시 외조부모의 이름을 기억하지 못한다. 하지만 그분들에 관련된 신앙의 에피소드는 필자의 인생관과 신앙 성장에 적잖은 영향을 미쳤다.

외할머니는 극도로 가세가 기운 중에도 친할머니에게 복음을 전했으며, 자녀들을 (아프리카에서 의료 선교하는) 선교사, 신부, 수녀, 훌륭한 사회인으로 키워냈다. 그리고 어머니가 19살에 결혼할 때 가져온 외할머니의 십자가는 목회자가 된 필자의 가정 거실에 지금도 매달려 있다.

하나님이 모세의 이름을 부르실 만큼(출 33:12, 17). 서로는 인격적이며 친밀한 관계에 있었다. 그런데 우리의 손주들은 혈육인 할아버지와 할머니의 존함을 알고나 있을까? 자녀에게 조부모의 '이름, 나이, 고향, 직업, 신앙, 기타 에피소드' 등을 이야기한 부모가 얼마나 될까? 세대 간의 추억을 이어가려는 부모의 노력은 행복한 가정 세우기와 밀접한 관련이 있으며, 가정 친화적인 자녀들은 신앙생활도 잘하고 사회성도 뛰어나다는 것이 이미 입증되었다. 부모가 이런 노력을 게을리하면 자녀에게 많은 것들을 제공하더라도 결국 그들 자신이 자녀로부터 빨리 잊히고 말 것이다.

바울은 그 당시의 사회를 자기 사랑에 매몰된 무정한 세태라고 했다(딤후 3:2 - 4). 우리 세대의 자녀들 역시 부모의 마음과 삶에 무관심하다. 자녀들의 이와 같은 자기중심적 이기주의는 본능이기도 하지만, 자녀에게 필요한 특정한 가정 교육이 결여되었기 때문이다. (필자는 자기 부모의 나이를 모르는 자녀들을 의외로 자주 만난다.)

성경에는 조상들의 이야기가 가득하다. 거기에는 산 자와 죽은 자가 하나님 안에서 하나님으로 말미암아 서로 연결되어 있다. 이와 같은 성경적 사고에 익숙한 유대인들은 '조부모 – 부모 – 자녀'(신 6:2, 7)로 이어지는 교육을 자연스럽게 받아들인다. 어쨌든 가족이 둘러앉아 조상에 대해 이야기하다 보면, 그들 모두가 커다란 생명나무의 일부임을 깨닫게 된다.

2) 가족의 어른들에 대한 선한 기억을 자녀들과 이야기합니다.

자녀들은 여러 경로를 통해 부모 형제들의 재산 분쟁이나 불화 등을 전해 듣기도 하지만, 부모는 자신들이 성장하면서 겪었던 선한 에피소드를 자녀에게 들려주려고 애써야 한다. 특별히 부모가 살면서 체험한 예수 그리스도에 대한 진실한 고백은 신앙이 다음 세대로 전승되는 데 큰 역할을 한다.

세계적으로 세대 간의 소통이 갈수록 단절되는 만큼, 그리스도를 믿는 신앙 역시 다음 세대로 이어지기가 갈수록 어려워지고 있다. 그럼에도 지역교회는, 이스라엘 자손에게 여호와 신앙이 전승된 역사적 사실을 참고하여(출 13:8-9, 14-16, 12:26-27, 신 6:20-25, 32:7), 신앙 전승의 통로로서의 가정교회(family church)를 세우려는 비전을 품어야 한다.

2. 부모가 지난 추억들을 자녀에게 들려주는 시간입니다.

1) 자녀에게 결혼(데이트)에 대한 에피소드를 들려줍니다.
   (자녀들의 에피소드를 듣는 것도 좋다.)

가정을 이루어 생육 번성하는 것은 하나님이 세상을 창조하신 기쁘신 뜻이다 (창 1:28). 이와 같은 창조신앙의 관점에서 부모가 자신들의 결혼(데이트) 과정을 자녀에게 들려주는 것은 성경적이다. 특히 부모가 **하나님의 뜻**을 따라 사는 중에 경험했던 행복한 기억을 반복적으로 추억하면, 가족이라는 행복 나무는 척박한 땅에서도 뿌리를 깊이 내리는 법이다.

3. 땅에 세워진 가족

3. 땅에 세워진 가족

필자는 신학대학 기숙사 생활을 할 때, 일과를 마친 매일 저녁에 손으로 직접 빨래하여 기숙사 옥상의 건조대에 말렸다. 함께 기숙사 생활을 하던 어떤 선배 전도사는 매일 저녁에 손빨래하는 나의 성실함을 특별하게 보았다. 하여튼 필자는 그 전도사의 중매로 아내를 만나게 되었고, 데이트할 때부터 가족이 된 지금까지 매주 한 번씩 **가정 예배**를 드리고 있다.

2) 자녀의 출생과 양육에 대한 에피소드를 들려줍니다.

우리 모두, 세상으로 초대받았다. 사람들은 그 초대가 서럽기에 갓난아기는 태어나면서부터 운다고 얘기하지만, 어쨌거나 우리를 낳은 모든 부모는 세상으로 초대받은 자녀들을 맞이하며 한없이 기뻐했다.

부모가 **하나님의 말씀**을 따라 자녀를 양육하면서 간직한 추억들을 종종 들려주면, 부모와 자녀 사이의 불편한 감정이 완화될 뿐만 아니라 건강한 관계를 유지하는 데 도움이 된다. 그런데 주의할 점은 부모가 자녀에 대한 불편한 기억들, 예를 들어 불순종, 학업에 충실하지 않았던 점, 잦은 게임, 술과 담배에 관련된 일들을 언급하지 않는 것이 부모의 지혜이다.

우리는 자녀 교육을 위해 적잖은 투자를 하지만, 그들의 행복을 헤아려 정서적인 면에 얼마나 투자하는지 생각해 볼 일이다. 가족 간의 건강한 정서는 자녀들의 성공적이며 행복한 삶에 광범위하게 영향을 미친다는 사실은 널리 알려졌다.

3) 어떤 계기로 예수님을 믿게 되었는지 들려줍니다.
(자녀들의 이야기를 듣는 것도 좋다.)

우리가 육신으로 세상에 처음 초대받았을 때, 우리는 적어도 웃지 않았다. 그러나 우리가 하나님의 자녀로 다시 태어나 하나님의 가족으로 초대받을 때, 우리는 예외

없이 무한 즐겁고 기뻤다(벧전 1:8). 가족이 돌아가면서 이런 기쁨을 나눴으면 좋겠다.

부모는 예수님을 영접하게 된 계기를 자녀에게 들려주고, 또 살면서 난관에 부딪힐 때 어떻게 믿음으로 돌파했는지 자녀에게 간증할 필요가 있다. 부모로부터 이런 이야기를 들은 자녀들은, 자신이 서 있는 자리가 당연한 것이 아님을 알고 하나님과 부모님 앞에서 감사가 풍성해질 것이다. 한편 자녀들도 예수님을 인격적으로 만나게 된 계기를 부모님 앞에서 고백하면, 가족 모두가 '하나님의 가족'이 됨에 감사하는 시간이 될 것이다.

3. 가족의 지난 사진이나 동영상을 보며 추억하는 시간을 갖습니다.

온 가족이 사진에 담긴 추억을 기억에서 끄집어내어 즐겁게 이야기하며, 그 순간마다 함께하신 하나님의 은혜를 돌아보도록 한다.

필자는 아내와 상의하여 가족의 추억이 담긴 사진들을 생활 공간에 걸어놓고, 때를 따라 다른 사진들로 교환하곤 한다. 그러다가 온 가족이 사진에 담긴 추억을 기억에서 끄집어내어 즐겁게 이야기하곤 한다.

대다수 부모는 자녀가 태어났을 즈음의 모습, 양육하면서 기념이 될 만한 상황을 글이나 사진, 영상 등으로 보관한다. 그런데 많은 증언에 의하면, 힘들게 보관된 자료들이 빛을 보지 못하고 서가나 장롱에서 사장되는 경우가 많다. 가족이라는 생명나무는 행복한 추억을 서로 되새기며, 하나님이 가정을 통해 이루고자 하시는 뜻을 기억하고 실천할 때 건강하게 자라난다.

나눔과 활동 2
우리 가족의 성공과 행복

✚ **소통의 목표**

1. 성공과 행복에 대한 자신의 견해가 성경적인지 점검하는 시간을 갖는다.
2. 자신이 진정으로 행복하게 살고 있는지 점검하는 시간을 갖는다.

높은 지위와 많은 부가 성공과 행복의 조건이 되기도 하지만, 때로는 당신을 불행으로 이끄는 실마리가 되기도 한다. 그렇다고 성공과 행복이 신앙 혹은 거룩함과 거리가 있는 세속적으로 오염된 단어라고 미리 단정짓지는 말자.

흔히들 **목적하는 바를 이룰 때 성공**이라 한다. 예수님은 비록 십자가에서 죽었으나 하나님의 뜻(목적)을 다 이루었기 때문에(요 19:30), 요한복음의 입장에서 예수님은 성공적인 삶을 사셨다고 말할 수 있다. 그렇다면 목적하는 바를 이루지 못한 사람은 실패한 인생이라 결론지어야 할까? 그러면 목적하는 바가 바르고 정당한지는 누가 판단할 것인가?

한편 행복에 대한 사람들의 생각은 성공보다 더더욱 주관적이고 복잡하다. 하지만 행복은 만족과 기쁨을 누리는 상태를 뜻하기 때문에, **행복은 감정이 연관**되어 있음은 분명하다. 그러므로 목적하는 바를 이루지 못해도 심지어 실패해도 행복할 수 있다는 뜻이다.

2천년대 초, 필자는 서울에 있는 어떤 고등학교 학생들을 만 2년 동안 상담했는데, 나는 그들의 말문을 열기 위해 이렇게 묻고는 했다.

"어떻게 살고 싶니?" 대다수는 이렇게 대답한다. **"행복하게 살고 싶어요."** 필자는 이렇게 되물었다. "그러면 어떻게 하면 행복하겠니?" 대다수는 이렇게 대답한다. **"돈이 많으면 행복해요."** "그러면 어떻게 하면 돈을 많이 벌 수 있지?" **"좋은 대학에 진학해야 해요."** "그럼 열심히 공부해야겠네?" **"그런데 공부를 잘 못해요. 나는 행복하게 살 수 없을 거 같아요."**

위와 같은 에피소드는 단지 대한민국 고등학생들만의 이야기는 아니다. 마귀도 예수님더러 "돌들로 떡덩이가 되게 하라!"고 하지 않았던가? 마귀는 돈이 있어야 성공적이고 행복하게 살 수 있다는 보통 사람의 생각을 확인시켜 준다.

"성공하면 행복합니까?" "행복하면 성공한 것입니까?"
위 두 질문에 대한 답변이 어떻든, 그리스도인에게 성공과 행복은 인류 역사상 가장 성공적이었고 행복했던 예수님에게 배워야 한다. 그는 복 중의 복, 곧 지복(至福, beatitude, 마 5:1-12)을 말씀하시면서, 우리에게 이렇게 질문하신 것 같다. **"너희들은 나처럼** (성공적이며) **행복하니?"**

1. 성공에 대한 각자의 생각을 이야기합니다.

인도자는 정답을 가르치거나 해답을 제시하는 역할도 자제해야 한다. 인도자는 성경적 세계관에 기초하여 온 가족이 서로 소통하도록 도울 뿐, 깨달음과 변화는 성령님이 주도하신다는 생각을 놓치지 않아야 한다. 인도자가 "이렇다, 저렇다." "이래야 한다, 저래야 한다."라고 가르치려 들면, 모임은 생기를 잃고 오래가지 못할 것이다.

1) 왜, 열심히 공부하고 땀 흘려 일합니까?

목적하는 바를 이루어 행복하기 위해. (다양한 의견이 있을 것이다.)

돈 벌기 위해서, 집 사려고, 자동차 사려고, 빚 갚으려고, 생활비 벌려고, 처자식 먹여 살리려고, 죽지 못해(?) . . . 결국 무엇인가 목적하는 바를 이루기 위해서이다. 달리 말해 성공하기 위해서이다. 어쨌든 이 정도의 답변이면 아주 양호하다. 얼마나 고상한 답변을 바라겠는가? 부모님 용돈 드리려고, 가난한 사람 도우려고, 하나님의 영광과 하나님의 나라를 위하여 . . . 이런 수준의 답변은 기대하지 않아도 좋다.

"왜 공부하고, 왜 일하는가?" 이런 질문에 대답하지 못하거나, 생각 자체를 보류하는 사람도 적지 않다. 필자는 고등학생들을 상담해 봤기 때문에 그들과 그들 부모의 실상을 잘 알고 있다. 그리스도인 부모라도 불신자 부모와 별 차이가 없었다는 게 필자의 경험이다. 결혼하고 사회생활을 오래 했다 한들 정리된 답이 준비된 것도 아니다. 그렇지만 그리스도인이라면 대답할 것을 준비해야 한다(고전 10:31, 벧전 3:15).

2) 어떤 사람을 가리켜 성공했다고 말합니까?

행복은 내적인 만족과 평안함이 있어야겠지만, 성공은 외적인 성취가 중요하다. 다음은 필자의 개인적인 생각이며, 성공에 대한 가족들의 생각을 나누는 시간이다.

자신이 원하는 분야에서 전문가가 되면 수입이 많고 적음을 떠나 그리고 지위의 높낮이와 무관하게 성공했다고 말할 수 있겠다. 고등학교를 졸업한 후, 한 분야에서 진심으로 10년 이상 연구하고 노력하면 대다수 사람은 거의 전문가가 된다. 꼭 첨단 산업 분야의 전문가가 아니라도 좋다.

특별히 그리스도인은 하나님께서 주신 소망을 따라(벧전 3:15) 비전을 품어야 한다. 하나님의 부르심은 후회하심이 없기에(롬 11:29), 행여 비전이 이뤄지지 못할지라도 그 선한 목적을 지향하며 힘을 다해 살아간다면 그의 삶은 성공적이라 할 수 있겠다.

3) 성공하면 행복하다고 생각하십니까?

행복하다고 모두 성공한 사람이라고 결론지을 수 없듯이, 성공했다고 다 행복할 수는 없다. 말하자면 비전이 다 성취되어도 행복이 없다면 공허할 것이다. 그러나 성공과 행복이 동떨어져 있다고 생각하면 오산이다. 성공은 행복의 도구일 수 있지만, 행복은 성공의 의미를 완성한다고 생각하면 어떨까?

저명한 학자라도, 권력의 정점에 있어도, 대기업의 최고 경영자라도, 많은 부를 쌓아도, 목적하는 바를 이루어도, 불안하고 분노하며 우울하게 살아가는 예는 적잖다. 반대로 배우지 못하고, 사회적 약자이며 경제적으로 취약해도 행복한 사람은 얼마든지 있다.

2. 행복에 대한 각자의 생각을 이야기합니다.

1) 나는 이런 때(경우)에 행복함을 느낍니다.

행복은 성공에 뒤따라오는 감정일 수 있지만 훨씬 개인적이며 주관적이다. 그래서 행복을 정의하기는 무척 어렵지만 '나는 이래저래서 행복하다'라고 말할 수 있다.

① 평안함을 느끼며 혼자 커피 마실 때
② 가족과 함께 여행할 때
③ 말씀을 통해 예수님이 가까이 계심이 느껴질 때, 등등

유엔 자문기구 '지속가능발전해법 네트워크'(SDSN)에서는 매년 '세계행복보고서'(WHR)를 발간한다. 이 보고서에 따르면 OECD(경제협력개발기구) 가운데 핀란드의 행복지수는 매년 1위이고 대한민국은 매년 거의 꼴등이다. 고위도 지방에 살면서 우울함과 고립감에 익숙한 핀란드 사람들은 약간의 햇볕만 쬐든지 가족이 모여 사우나만 하여도 무한 행복을 느낀다(이것은 사실이다). 하지만 화창한 햇볕에 노출되어 사는 (한국을 포함한) 이탈리아 사람들은 역동적으로 움직이지 않으면 행복을 느끼지 못한다고 한다.

행복은 이처럼 개인적이고 주관적이지만, 주변 사람들의 행복과 비교하면서 자신의 행복관이 얼마나 건강한지를 스스로 점검할 기회가 되었으면 한다.

2) 나는 다음 세 가지가 있으면 행복합니다.

개인적이고 주관적이지만 복음적인 내용이 있도록 인도해야 한다.

① 일과를 마치고 쉴 수 있는 가정

② 활동할 수 있는 최소한의 건강

③ 예수 믿는 신앙과 가족이 함께 하는 가정

우리 사회에서 '잘 산다'는 것은 경제적 성공과 상당한 사회적 지위에 오르는 것을 의미한다. 하지만 필자가 보기에, '잘 사는 것'은 가족이 행복하게 살아가는 모습으로 보인다.

✔ 성경은 다음과 같은 사람이 행복하다고 말씀한다.

여호와의 율법을 주야로 묵상하는 자(시 1:2), 팔복(마 5:3-12), 보지 못하고 믿는 자(요 20:29), 불법이 사함을 받고 죄가 가리어짐을 받는 자(롬 4:7), 주께서 죄가 없다고 인정해 주시는 자(롬 4:8), 예수 그리스도로 말미암아 하나님의 자녀가 된 자(엡 1:3-5), 시험을 참는 자(약 1:12, 5:11), 의를 위하여 고난을 받는 자(벧전 3:14), 요한계시록의 7가지 행복(계 1:3 등) 등등

3. 예수님은 성공적이며 행복한 삶을 사셨다고 생각한다면, 그 이유를 설명할 수 있습니까?

필자는 다음 두 가지로 나눠 설명하려 한다. 첫째는 예수님은 어떤 사람이 행복하다고 했습니까? 둘째는 당신은 예수님이 얼마나 행복했다고 생각하십니까?

■ 예수님은 어떤 사람이 행복하다고 했습니까?

예수님의 행복론인 팔복(마 5:1-12)에 잇대어 사는 그리스도인

천국 백성의 헌법으로 알려진 산상수훈은 사실상 예수님의 삶의 방식이다. 예수님께서 "내가 이렇게 살아가니 너무 행복하다."라고 말씀하신 것이 팔복이다. 팔복은 더할 나위가 없는 지상 최대의 행복이다.

주님께서는 우리가 여덟 가지 방식으로 살아가면 말할 수 없이 행복하다고 말씀하신다. 우리 행복에 꼭 필요하다고 생각한 어느 것들도 우리 곁에 영원히 있지 않고, 있을 수도 없다. 우리는 길 위의 나그네요 우주의 먼지에 불과하다. 영원토록 행복한 예수님이 우리와 함께 계시면 그를 믿는 자는 그와 더불어 영원히 행복하지 않겠는가?

■ 당신은 예수님이 얼마나 행복했다고 생각하십니까?

적게 사함을 받은 자는 적게 사랑하고 많이 사함을 받은 자는 많이 사랑하는 법이다(눅 7:42-43, 47). 마찬가지로 조금 사랑하는 자는 조금 행복하고 많이 사랑하는 자는 크게 행복한 법이다. 그러므로 예수님이야말로 역사상 가장 행복한 분이시다.

하나님이 우리를 얼마나 사랑하셨기에 (십자가에 죽을 줄 알면서) 자기 아들을 이 땅에 보내셨을까? 예수님 역시 우리를 얼마나 사랑하셨기에 십자가에서 자기 목숨까지도 내놓으셨을까? 자기 목숨을 내놓을 만큼 사랑하는 대상이 많으신 예수님은 얼마나 행복하셨을까? 죽도록 사랑하는 사람이 많으니, 예수님은 인류 역사상 가장 행복한 분이시다.

우리 그리스도인이 행복하려면 예수님을 닮아 가족에게 그리고 이웃에게 '무언가'를 줄 수 있어야 한다. 그 '무언가'에는 복음, 사랑, 위로, 나눔, 봉사 등 많은 것들이 있을 것이다. 이 '무언가'를 발견하도록 돕는 것이 기독교 교육의 바른 방향이지 않을까 싶다.

필자는 "딸이 행복하다면 죽어도 좋다."는 어떤 딸바보 아빠의 고백을 이해할 수 없었다. 그런데 가정을 돌아보지 못했던 필자에게 그 말의 의미가 와닿는 때가 되었다. 목회를 은퇴할 때가 되어서 말이다. 조금 사랑하는 자는 조금 행복하고 많이 사랑하는 자는 크게 행복한 법이다.

나눔과 활동 3
우리 가족의 가치

✚ 소통의 목표

  1. 예수 그리스도의 복음과 세례의 의미를 이해하고 설명하게 한다.

  2. 가족의 가치를 담아 가훈을 만들고, 그에 걸맞게 살도록 다짐한다.

필자는 평신도들이 '복음과 세례'를 제대로 설명하지 못해도 조금도 놀라지 않는다. 조금 과장하자면 그들 상당수가 기독교의 기본 가르침을 정확히 모른다. 그리스도인이 복음과 세례의 의미를 바르게 이해하기만 해도, 그들은 어떻게 **복음에 뿌리내리고** 살 것인지 또 어떻게 **세례에 합당하게** 살 것인지를 두고 고민할 것이다.

1. 예수 그리스도를 믿는다면 다음 질문에 답할 수 있어야 합니다.

  1) 예수 그리스도의 '복음'(Good News)을 설명할 수 있습니까?

    "**성경**대로 **그리스도**께서 **우리 죄**를 위하여 **죽으시고** 장사 지낸 바 되셨다가 성경대로 사흘 만에 **다시 살아나사**."(고전 15:3-4)

복음은 '복된 소식'이요, '기쁜 소식'(Good News)이다. 기쁜 소식의 내용은 무엇인가? 그리스도께서 우리 죄를 위하여 죽으시고 다시 살아나셨다는 것이다.

그리스도에게 일어난 사건이 바로 우리를 위해 일어난 사건이기에, 예수 그리스도를 영접하면 그의 피로 말미암아 죄 사함을 받고 또한 그리스도와 같이 부활 영생에 이르게 될 것이다. 이게 죄 중에 태어나 흙으로 돌아갈 허망한 인류에게는 말할 수 없이 기쁜 소식이며 복음이다.

로마 황제는 물론 '관리 및 종교 지도자들'(행 4:5-6)은 몸(육신)을 죽이는 것을 무기로 삼아(마 10:28), 이를 두려워하는(마 10:31) 백성들을 지배했다. 그러나 "예수 안에 죽은 자의 부활이 있다."(행 4:2)라는 복음을 믿는 초대교회 성도들은 온갖 위협을 무릅쓰고 십자가와 부활의 복음을 전파했다.

만약 어떤 성도가 자신이 복음을 얼마나 정확하게 이해하고 있는지 확인하고 싶다면, 복음을 설명하는 내용 가운데 '(하나님이 약속하신) 성경대로', '(예수) 그리스도', '우리 죄', '죽으시고(장사 지냄)', '다시 살아나사(부활)' 등 다섯 가지 단어가 들어있는지 확인하면 된다. 예를 들어 다섯 단어 가운데 세 단어로 복음을 설명했다면 60점인 셈이다.

참고로 필자가 복음과 관련지어 독자에게 하고 싶은 두 마디가 있다. 첫째는 죄로 '곤고함'(롬 7:24)을 경험하지 못한 사람이 '우리 죄를 위하여'(고전 15:3)라는 말씀이 마음에 와닿을까? 둘째는 흙으로 돌아가는 인생의 허망함을 경험하지 못한 사람이 '다시 살아나사'(고전 15:4)라는 말씀이 마음에 와닿을까? 깊이 생각해 볼 일이다.

2) 당신은 예수님을 믿은 후, 생활에 어떤 변화가 있었습니까?

필자의 예를 들자면 다음과 같다.

하나님 없이 살았던 죄를 (하염없는 눈물로) 회개하였다. 성령으로 말미암아 천지를 지으신 하나님을 '아빠 아버지'(Abba, Father)라 부르게 되었다(롬 8:15, 갈 4:6). '샘솟는 기쁨'(벧전 1:8)이 있었다. 자연계의 피조물이 하나님을 찬양하는 것을 보았다. 고생하시는 의붓어머니가 불쌍해 보였다. 오랫동안 흩어져 살았던 가족을 이해하고 사랑할 힘이 생겼다. 불신자들이 가련해 보여 그리스도의 복음을 전하게 되었다. 성경이 재미있어졌다. 성경적 가치관과 세계관을 갖게 되었다. 영원한 하나님의 나라를 갈망하게 되었다.

필자의 예를 지정의(知情意)의 측면에서 다음과 같이 설명할 수도 있겠다.
감정의 측면에서 '믿고 말할 수 없는 영광스러운 즐거움으로 기뻐하는'(an inexpressible

and glorious joy, 벧전 1:8) 일이 벌어졌다. 이성의 측면에서 성경을 통하여 '참된 지식'을 얻게 되었다(골 3:10). 의지적 측면에서 사랑에 뿌리내려 살아갈 마음이 생겼다(엡 3:17). 생활 중에 '성령의 열매'(the fruit of the Spirit, 갈 5:22-23)를 맺어 하나님을 기쁘시게 하고 싶었다.

2. (세례를 받았다면) 물세례가 어떤 의미인지 설명할 수 있습니까?

복음이 그리스도께서 우리 죄를 위하여 죽으시고 다시 살아나신 것이라면, 세례는 그의 죽으심과 다시 살아나심을 믿는 그리스도인답게 그리스도와 연합하여 **'새 생명' 가운데 살겠다**는 새출발의 의미이다.

세례는 죄인이 그리스도인이 되는 (하나님의) 은총의 표시인데, 예수님을 영접하여 신앙고백을 하면 지역교회의 지도자인 목회자는 그 사람에게 물로 세례(혹 침례)를 베푼다. 물로 세례를 받은 그 사람은 세례를 받은 지역교회의 공식적인 교인이 되며 넓은 의미로 하나님의 가족이 된다.

개신교회에서는 세례와 성만찬 두 가지의 성례전이 인정된다. 세례는 물세례와 성령세례가 있는데, 교회에서 치러지는 물세례는 구원받은 자의 표이지 구원의 조건이 아니다. 말하자면 물세례를 받았다고 성령세례처럼 구원이 보장되는 것은 아니라는 뜻이다. 그런데 성령으로 세례를 주시는 분은 오직 예수님이시다(막 1:8, 요 1:33).

세례와 관련된 성경 구절은 로마서 6장에 있다.
세례를 설명하는 핵심은 '예수 그리스도', '죽으심', '부활', '합하여', '새 생명' 등 다섯 단어이다. (합하여; 롬 6:3-4 / 함께; 롬 6:4, 6, 8 / 연합; 롬 6:5) 마지막 단어 '새 생명'은 세례를 받았다면 옛사람의 모습을 버리고 깨끗한 양심으로 그리스도인에 걸맞게 살라는 뜻이다. 세례를 얼마나 정확하게 이해하는지 점수로 판단하는 기준을 제시하자면, 다섯 단어 가운데 세 단어로 세례를 설명했다면 60점인 셈이다.

3. 가족의 가치를 담은 가훈을 만들고, 그 의미를 곱씹는 시간을 갖습니다.

복음과 세례의 의미를 살리고 또 가정마다 중요하게 생각하는 가치를 담아 가훈을 만들되, 가족이 함께 이뤄가야 할 가정의 모습을 담으면 좋겠다. 그리하여 의와 평강, 희락과 감사와 같은 하나님 나라의 정서가 가득한 가정을 지향해야 한다.

예수님을 믿는다면 성령의 열매인 '사랑, 희락 . . . 온유, 절제'(갈 5:22-23)의 모습이 일상에서 드러나야 한다. 그런데 성령의 열매가 맺히려면 보이지 않는 신앙의 뿌리가 튼튼해야 한다. 말하자면 복음에 대한 믿음과 세례에 대한 바른 이해는 성령의 열매가 맺히도록 돕는 신앙생활의 뿌리 역할을 한다.

"뿌리 깊은 나무는 바람에 흔들이지 않아 꽃 좋고 열매가 많으니 . . . "(세종대왕)

교훈(校訓)도 사훈(社訓)도 있는데, 함께 먹고 자며 살아가는 하나님의 가족 공동체인 가정에 가훈(家訓)이 있어야 하지 않겠는가? 복음과 세례를 바르게 이해했다면 (구호에 그치지 않는) 구체적이고 실제적인 가훈과 실천 강령을 만들어보자. 과제를 하듯 뚝딱 가훈을 만들지 말고 몇 주 몇 달이 걸려도 온 가족이 진심을 담아 가훈을 만들어보자.

'메주자'를 만들어 그 속에 가훈이나 (교회에서 그해에 받은) 하나님의 말씀 등을 넣어 대문에 걸어놓으면 어떨까 싶다. (교재 **'메주자 Mezuzah 만들기'** 참고, p.133)

나눔과 활동 4
우리 가족만의 이야기

✚ **소통의 목표**

1. 가족의 지난 추억을 이야기하며 서로를 돌아보고 감사하는 시간을 갖는다.
2. 부모와 자녀는 서로에게 무엇을 바라는지 돌아보는 시간을 갖는다.

가족만큼이나 나의 비밀스러운 사생활을 많이 알고 있는 사람이 세상에 어디 있을까? 어쩌면 자랑스러운 것보다 감추고 싶은 사생활이 훨씬 많겠지만 부끄러워하지 않은 관계가 가족이다. 세상에 천국이 있다면 그곳은 우리 가족이 모여 사는 가정인데, 하나님 보시기에 우리 가정의 현주소는 천국이라 할 수 있을까?

필자는 열한 살 무렵부터 원가족(原家族)과 헤어져 살았다. 결혼 후에는 사랑과 희락이 가득한 천국과 같은 가정이 세워지기를 바랐지만, 예수님을 믿는 것만으로 행복한 가정이 세워지지는 않았다. 필자는 신앙과 행복한 가정 세우기가 긴밀한 상관관계에 놓여있다는 사실에 영적으로 무지했다.

부모는 자녀에게, 자녀는 부모에게, 형제와 자매는 서로에게 . . . 진심을 담아 **가족만의 이야기**를 나누어보자. 우리가 하나님을 사랑한다면, 하나님의 시선이 집중된 가족 각 사람에게 관심을 기울여야 하지 않겠는가?

1. 힘든 날, 하나님께서 어떻게 도우셨는지 자녀에게 들려줍니다.

부모가 자신의 삶을 그리스도의 이름으로 간증하는 것만으로도 자녀에게 큰 감동이 된다. 부모는 자녀에게 크게 부끄럽지 않을 정도로 지난 삶을 들려주면 좋겠다.

자녀는 부모가 힘들었던 지난 삶에 무관심할 수 있다. 자신의 앞날이 태산 같아 보이기 때문이다. 그러므로 부모는 자신의 삶을 조금 공개하더라도, 다음 두 가지를 빠뜨리지 않아야 한다. 첫째, 나와 함께 하신 하나님이 너와도 함께 하신다. 둘째, 목표를 가지고 최선을 다하면, 때가 되면 하나님이 이루신다.

이스라엘은 역사적인 출애굽 이후로 지금도 유월절 절기를 지키는데, 이때는 온 가족이 자신이 사는 집에서 누룩을 찾아 없애고(출 12:15), 무교병과 쓴 나물 등을 먹는다(출 12:8). 가장 나어린 자녀는 "이 예식이 무슨 뜻이냐?"(출 12:26)라고 묻고, 최고 연장자는 그 질문에 답변한다. 이와 같은 질문과 답변은 **고난** 중에도 조상과 함께 하신 하나님에 대한 신앙을 다음 세대에게 전승하려는 하나님의 의도가 담겨있다.

그런데 부모들은 자녀만큼은 자신들처럼 고생하지 않고 살기를 바란다. 그러니만큼 우리 자녀들은 부모로부터 의식주와 온갖 편의를 제공받는 것을 마땅하고 당연하게 여긴다. 결과적으로 자녀들은 부모에 대한 감사는 물론, 하나님께 대한 감사 역시 인색할 수밖에 없다. 기독교 신앙은 고난을 겪어내면서 성장하는 법인데, 자녀가 어떤 고생도 하지 않고 살기를 바라는 부모의 생각은 도리어 자녀의 신앙을 가로막는 걸림돌이 되기에 충분하다.

2. 가족은 하나님께서 가족 서로에게 주신 선물입니다.

1) 우리 가족은 언제까지 한 지붕 아래 살게 될까요?

항상 함께 있을 것 같은 정다운 가족일지라도 언젠가는 헤어질 날이 있기에 '여기, 지금'(here & now) 서로를 존중하고 사랑하며 살아야 한다.

가족이 항상 함께 사는 것이 당연하지만 않다. 부모는 가족을 부양할 돈을 벌기 위해, 자녀는 진학이나 직장 등의 이유로 가족과 떨어져 살기도 한다. 또한 자녀의 결혼, 부모의 이혼, 가족 간의 갈등 등 다양한 이유로 가족이 흩어져 산다.

다양한 이유로 가족이 흩어져 사는 것은 궁극적 이별인 사망의 그림자이다. 그런데 가족 모두가 그리스도인이라면 부모를 먼저 떠나보낼지라도, 영원한 하나님의 나라에 계신 그리스도 앞에서 가족 모두가 다시 만나게 될 것이다(요일 3:2). 그러므로 함께 얼굴을 맞대고 사는 동안 마음을 다해 뜨겁게 서로 사랑하며 살아야 한다(벧전 1:22).

2) 가족 서로 간에 다하지 못한 감사를 나눕니다.

가족 서로에게 감사한 것 3가지만 말해보라. 칭찬이라도 좋다. 가족이라고 당연시하다 보면 감사가 사라지는 법이다.

필자는 본 지면을 통해 아내에게 감사한 것들 3가지를 적어보겠다.

첫째, 물질적으로 핍절한 중에도 궁색한 티를 내지 않아 고맙다.

둘째, 교회의 사모 역할을 하느라 건강을 해쳤지만 잘 이겨내니 감사하다.

셋째, SH 쉐마교육을 위해 조언하고, 하나님 나라를 위해 같은 소망을 품으니 감사하다.

필자의 아내가 병원에 상당 기간 입원했을 때, 가족 간에 감사하며 칭찬함으로써 서로를 위로했다. (교재 **'서로의 가치를 칭찬하기'** 참고, p.134)

✔ 서로의 가치를 알아주는 **칭찬으로 행복한 가정을** 세워보자.

아내가 급작스럽게 입원하자, 필자는 심히 자책했고 아들은 아버지를 몹시 미덥지 않게 생각했다. 부자 관계는 강풍으로 언제 끊어질지 모르는 연줄처럼 극도로 긴장했다. 이때 "너희도 서로 사랑하라."(요 13:34)는 주의 말씀이 생각났다. 그래서 우리 가족은 서로에 대한 진솔한 칭찬의 글을 쓰고, 필자는 그 글을 서로에게 전달했다. 하나님께서 위기에 빠진 우리 가정에 주신 성령님의 감동이었다.

칭찬도 방법이 있는데, 의례적이지 않은 칭찬은 가족 각 사람의 가치를 높여주고(잠 27:21) 서로를 돌아보게 함으로써 행복한 가정이 되도록 돕는다.

부모로부터 칭찬받은 자녀는 부모에 대한 애착(愛着)과 함께 자신감과 자존감이 높아지며, 자녀로부터 칭찬과 존경을 받은 부모는 가족을 더욱 사랑하며 가정을 더욱 섬기려는 의욕이 충만해진다.

3. 가족 서로에게 변화되어야 할 것, 한 가지만 이야기합니다.

가족 간에 진솔해지는 시간이다. 당신이 진정한 그리스도인지 스스로 시험하여 보고 스스로 점검하는(고후 13:5) 시간이 되었으면 한다.

요즘 한국 사회에서 자녀들은 부모로부터 경제적인 대물림을 기대하고, 부모의 경제력으로 말미암아 자신감을 얻는다고 한다. 금수저를 바라지 않는 자녀가 있겠는가? 단언하지만 가족 간에 진솔한 대화가 가능하다면 그것이야말로 부모가 자녀에게 금수저를 상속하는 것이다.

가족이란, 관계로 맺어진 집단이지 혼자가 아니다. 그래서 가족은 싫든 좋든 자신이 원하는 방식대로만 살겠다고 고집할 수 없는 노릇이다. 그러므로 공동체의 화목을 위해 가족마다 최소한의 변화가 요구된다.

필자는 아들에게 몇 가지 태도의 변화를 요구했다. 예를 들어, 직장에서 받은 스트레스를 여과되지 않은 채 가정에서 풀어놓지 않기, 사용한 물건 원위치에 두기, 아무리 피곤해도 토요일 밤에 가정 예배를 드리기, 크게 화가 나도 부모에게 공손한 말씨 사용하기, 다른 사람에 대한 흉은 (가급적) 부모 앞에서는 하지 않기 . . . 등등.

그런데 아들은 필자에게 '요구와 지적보다 인정과 칭찬'을 바랐다. 필자는 아들로부터 이런 말을 듣고 화가 머리 꼭대기까지 치밀었다. 이런 과정을 거쳐 성령님은 내가 몇 가지 결단을 하도록 감동을 주셨다. 그 후로 나는 아들에게 이런 말을 자주 하게 되었다. "나는 너를 사랑한다." "나는 너를 믿는다." "나는 너를 자랑스럽게 생각한다."

아들에게 변화를 요구하기 전에 먼저 아버지에게 변화가 필요했던 것 같다. 타인에게 가혹한 사람일수록 자기 그림자가 짙다는 말이 있다. 아마도 필자 역시 아버지로부터 인정과 칭찬보다는 많은 요구와 지적을 받으며 성장했던 것 같다.

✔ 필자는 부모님과의 **소통**이 부족했지만, 자식에게 **불통**을 상속하고 싶지 않다.

필자는 아버지의 속마음을 듣고 싶었다. 지병과 교통사고로 두 번이나 아내를 먼저 떠나보낸 아버지의 숨겨진 이야기를 말이다. 언젠가 비좁아 누울 곳도 마땅치 않은 전셋집에 찾아오셔서 풋고추에 막걸리 마시던 아버지, 많은 대화를 나눴지만 차마 그 이야기는 나눌 수 없었다.

필자의 아들은 셋집 사는 부모가 안쓰러웠던지 열심히 돈 벌어 함께 집을 사자는 말을 자주 한다. 그럴 때면 나와 아내는 "아들 ~ ! 집을 사면, 엄마 아빠와 공동명의로 하자."고 농담을 하곤 한다. 여름에 큰비가 오면 천장 여기저기서 빗물이 떨어지고 천장이 내려앉을 듯하다. 아들이 집 사자고 말할 만하다.

또 아들은 노년의 부모가 가게 될 요양병원비를 준비하겠다고 한다. 그때면 우리 부부는 "아들 ~ ! 엄마, 아빠가 빨리 늙고 병들면 좋겠니?"라면서 농담한다.

나눔과 활동 5
우리 가족의 규칙

✚ 소통의 목표

1. 가족이 모인 가정에 규칙이 필요한 이유를 이해하고 설명하게 한다.
2. 가정의 규칙을 점검하고, 필요한 규칙을 만들어 힘써 지키게 한다.

성경에서 율법(律法)이란 하나님이 자기 백성들의 삶에 선악의 기준을 제시하는 규범이다. 그러니까 하나님과 이스라엘 자손이 언약을 맺었기 때문에, 하나님께서는 그들이 언약 백성답게 살아가도록 율법을 제정하신 것이다. 그러므로 율법은 구원의 조건이 아니며 구원을 받은 백성이기에 지켜야 하는 선한 행실이다. (성경에서 율법은 '명령, 규례, 법도, 계명, 율례, 교훈' 등과 같이 다양한 의미로 쓰였다.)

이스라엘 자손에게 율법이 필요하듯이 가정에도 규칙(規則, rule)이 필요하다. 왜냐하면 여러 사람이 함께 살면 **공동체의 질서가 유지**되어야 하기 때문이다. 운동 경기의 규칙처럼 말이다. 가정에서의 규칙은 무엇을 어떻게 해야 하고 또 무엇을 하지 말아야 할 것인지를 알려주지만 운동 경기처럼 제재해야 할 구속력은 매우 약하다. 그러므로 모든 가족이 인정하고 지키는 규칙이 되려면 반드시 가족 모두의 의견이 수렴되어야 하며, 상황에 따른 유연함은 물론 적절한 제재도 있어야 한다.

한편 인도자는 먼저 자신의 가정에 어떤 규칙이 있는지, 있다면 성경적인지, 잘 지켜지고 있는지, 개선할 점은 있는지 등을 살펴야 한다. 또 새로운 규칙이 필요하다면 인도자는 가족의 동의를 구해야 할 것이다. 아무튼 규칙은 불편해 보일지 모르지만 일단 습관이 되면 거추장스럽거나 번거롭지도 않고 **가정 공동체에 말할 수 없이 유익**하다.

1. 우리 가정에서 다음 가족들의 발언권은 어떤 경우에 가장 큽니까?

가정마다 상황이 다르므로, 인도자는 가족들이 자유롭게 대화할 수 있는 분위기를 조성해야 한다. 본 문제는 가정의 규칙을 다루기에 앞서, 각 가정의 상황을 점검하기 위해 마련되었다. 다음은 필자 가정의 예를 들었다.

■ 아버지(남편) : 필자는 심리적으로 가정의 경제와 안정(safety)에 가장 크게 기여하고 있다고 가족으로부터 인정되는 편이다. 필자는 가능하면 아내와 협력하고 공동 의사 결정을 하지만, 가정에서 중대사의 결정권이 인정되는 만큼 가족에게 큰 영향력을 미친다.

구체적으로 필자는 큰 틀에서 가정경제를 책임지고, 가족의 장기 계획을 수립하며, 가족을 이끌고 친족들과 만나는 일, 미리 이사할 전셋집을 알아보는 일, 가정 예배를 주로 인도하며, 가족의 건강을 챙기고, 집 청소를 하고, 아들의 인생 상담을 하는 등 다양한 역할을 한다. 그러나 가정에서 발언권과 영향력은 갈수록 줄어들고 있다.

■ 어머니(아내) : 언제부터인가 필자는 출근하는 아내의 아침을 준비하게 되었는데, 아내는 가사, 가정경제, 집 청소, 가족 여행, (남편과 교대로) 가정 예배 인도, 가족이 지켜야 할 세세한 규칙을 만드는 등, 발언권과 영향력이 날로 커가고 있다.

■ 자녀(아들, 딸) : 필자는 30대 초반인 아들 하나를 두고 있다. 아들은 부모와 의견을 나누고 가정 내 결정에 참여하는 수준이다. 직장생활을 하지만 가정경제에 소비자로만 있고, 청소와 빨래 등에 전혀 손을 대지 않는 등 의무보다 권리에 집중하는 편이기에 가정에서 발언권이 크지 않다. 의무보다 권리에 치중하기 때문에 부모와 가끔 충돌한다. 아내는 집안에서 가장 수입이 많은 아들이 일정한 생활비를 내도록 권유하고 있다.

■ 기타(할아버지, 할머니) : 필자의 부모는 이미 하나님 곁으로 가셨기 때문에 이에 대해서는 언급하지 않겠다.

2. 그리스도인의 가정에 규칙이 필요한 이유는 무엇 때문입니까?

성경의 율법이 그렇듯, 그리스도인 가정의 규칙은 하나님 나라의 가치를 실천하고 신앙의 성장과 성숙을 이루기 위한 도구이다. 이러한 규칙은 가족 구성원이 하나님께로 나아가는 데 도움을 준다.

그리스도인 가정에 규칙이 필요한 이유는 다음과 같다.

첫째, 하나님은 질서의 하나님이시다. (고전 14:33)

하나님은 세상을 질서 있게 지으셨기에 성도의 가정 역시 질서와 조화를 위한 규칙이 필요하다. 그래야 가정에 혼란이 예방되고 화평함이 있다.

둘째, 신앙생활은 규칙의 도움을 받아 전승된다. (신 6:6-7)

가정 예배를 드릴 때, 정해진 시간과 최소한의 복장과 성경을 준비하는 등 규칙이 없다면 어떻게 지속적인 예배가 가능하겠는가?

셋째, 의견 충돌이나 갈등을 예방함으로 사랑을 배운다. (요 13:34)

규칙이 있으면 각 사람의 역할과 책임이 분명해지는 가운데 서로를 존중하고 배려하게 되는 등, 규칙을 통하여 구체적인 사랑의 실천을 배우게 된다.

넷째, 절제와 순종, 존중을 배운다. (엡 6:1-4)

규칙을 통해 자녀들은 부모는 물론 하나님에 대한 순종을 배우고, 부모는 자녀를 격려하고 인격적으로 존중하는 법을 배우게 된다.

다섯째, 건강한 생활 습관, 결속력 강화, 자유와 권리를 보장한다.

규칙이 가족의 자유를 제한하기도 하지만 결과적으로 가족 각 사람의 사생활을 보호해 준다.

3. 우리 가족이 지키기로 약속한 규칙에는 어떤 것들이 있습니까?

규칙이 없는 가정이 어디에 있겠는가? 암묵리에 정해진 규칙이 있기 마련이다. 가족이 번갈아 가면서 사사로운 규칙 한 가지씩이라도 말하도록 하라.

저녁 취침 전에 창문 잠그기, 자녀 앞에서 부부 말다툼하지 않기, 아침 저녁에 창문 열고 환기하기, 식사 후 눕지 않기, 부모님께 존댓말 하기, 자녀에게 푸근하게 말하기, 사람 없는 방의 전깃불 끄기, 귀가 즉시 손 씻기, 잠자리에서 스마트폰 보지 않기, 낮잠 자지 않기, 식후 5분 이내에 양치질하기, 저녁 취침 전과 아침 기상 후에 서로 인사하기, 가정 예배드리기, 성경 읽기, 취침 전에 기도하기, 방 청소하기, 귀가가 늦을 때 전화하기, 야식하지 않기, 귀가할 때 인사하기, 아침 기상 후 이불 개기, 가족에게 큰소리치지 않기, 식후 설거지, 벗은 양말 제자리 놓기 등등. 가정에서 지켜야 할 규칙들이 많은 것 같지만, 어렸을 적부터 습관이 되면 아주 자연스럽고 가족 서로가 편해진다.

하나님의 백성이라도 모이면 의견이 분분하기에 각기 자기의 소견에 옳은 대로 행하기 마련이다(삿 21:25). 그래서 하나님께서는 출애굽 당시의 이스라엘 회중에게 모세를 통하여 율법을 주셨고, 그리스도의 피로 세워진 교회에도 하나님의 뜻과 소망이 담긴 (생명의 성령의, 롬 8:2) 법이 주어졌다.

핵가족일지라도 서로의 기질과 생각이 다르므로 가족 간의 의견이 갈리고 생각지 못한 불편과 불화로 화목이 깨어지기도 한다. 가정에서 지키는 일상의 규칙은 하찮게 보이지만, 그것이 생활 습관이 되고 삶의 습관이 되며, 생각하는 방식도 되고 가치관으로 발전되기도 한다. 하찮아 보이는 규칙들이 사회성과 신앙생활까지도 담아내는 그릇이 된다는 사실을 놓치지 않아야 한다.

4. 당신 가족은 '가정 예배'를 드리는 규칙이 있습니까?

필자는 여사친과 만날 때마다 성경을 펴 말씀으로 교제했는데, 가정을 이룬 후로는 지금까지 매주 한 번씩 '가정 예배'를 드리고 있다. 섬기는 교회의 성도들에게 가정 예배를 강력하게 권면하고 있지만, 아무리 좋은 규칙이라도 거룩한 습관이 붙지 않으면 실천하기 쉽지 않다.

예수님 당시에 토라 교육은 가정과 회당의 몫이었지만, 기원후 70년 예루살렘 성전이 무너지고 이어 '제3차 유대-로마 전쟁'(바르 코크바 반란, 132-135)으로 유대인들이 예루살렘에서 추방되자, 토라 교육에 대한 가정의 역할은 더욱 강화되었다. 신약의 관점에서 보면, 가정교회는 성전을, 식탁은 제단을, 음식은 성전의 제물을, 아버지는 제사장의 역할을 대신하게 되었다.

앞으로 더욱 다양한 형태의 가족들이 등장하겠지만 생육과 양육과 번성이 있는 '아버지, 어머니, 자녀' 형태의 가족은 변하지 않는다. 그러므로 가족 복음화는 성서 시대 이래로 가장 확실한 복음 전파 방법이며, 영적으로 건강한 가정의 강력한 표지는 가정에서 드려지는 예배이다. 가정이 영적으로 건강하면 지역교회 역시 영적으로 건강해진다. 따뜻한 교제와 소통이 있는 가정 예배를 통하여 가정에서부터 하나님 나라의 정서와 성품이 새 창조되기를 우리의 주님이 되시는 예수님께서 소망하신다.

- 가정 예배 : 절차와 격식을 줄이고, 일상의 삶을 하나님의 말씀으로 해석하여 적용하는 것과 중보기도가 핵심이다.

5. 당신 가족은 가정에서 그리스도를 경축하는 규칙이 있습니까?

그리스도인이 지켜야 하는 가장 기본이 되는 두 가지 절기를 언급하고 있다. 구체적인 내용은 지역교회 목회자의 지도를 받아야겠지만, 예배와 절기가 지역교회 중심으로만 지켜지지 않았으면 한다.

예배당에 성탄 트리를 장식하듯이, 성탄절 한 달 전인 대림절에 가족이 모여 가정의 거실에 그리스도의 탄생을 경축하는 성탄 트리를 세우면 어떨까? 또한 성탄절에는 돼지 저금통을 털어 (교회에 헌금만 할 것이 아니라) 이웃을 돌아보는 것은 어떨까 싶다.

필자가 교회를 개척하던 때, 오래전에 부목사로 있었던 교회의 장로님 내외가 찾아오셨다. 그들은 자녀들이 부모로부터 받은 용돈을 구분하고 또 알바를 하면서 모은 것이라며 얼마간의 선교비를 가져오셨다. 필자의 아들 학비에 보태쓰라면서 말이다. 자기 자녀들이 가정을 이룬 후에도 이웃을 돕는 행복한 삶을 살도록 하기 위한 일환이라 한다.

사순절의 마지막 주간인 고난 주간에 가정에서 부모와 자녀가 서로의 발을 씻어주는 **목요 세족** 의식을 행하고, 부활주일 저녁에는 온 가족이 서로를 격려하는 **가족 애찬**을 하면 어떨까 싶다. (고난 주간에 유대인의 풍습이라는 편협한 생각에서 벗어나 **유월절 음식 먹기**를 하는 것도 좋다.)

- 성탄절 : 성탄 트리, 이웃 돌아보기 등
- 부활절 : 목요 세족식, 애찬 등

6. 당신 가족은 '세례 생일'을 축하하는 규칙이 있습니까?

우리 주변에 남들에게 뒤질세라 자녀의 생일 파티를 지나치게 준비하는 부모들이 있다. 심지어 크리스천 부모일지라도, 그렇다. 물세례는 교회의 멤버십뿐 아니라 하나님의 가족이 되었다는 공식적인 인증이 아닌가? 결혼기념일, 생일이 중요하다면 하나님의 자녀로 태어난 영적인 생일은 얼마나 중요한지 생각해 볼 일이다.

필자는 가족의 세례 생일을 지키려고 노력했지만, 그것을 실행하는 데 어려움이 있었다. 그 이유는 필자 본인과 아내가 세례받은 날을 기억하지 못했기 때문이다. 각자의 모교회에 연락을 취해도 "기록이 없다."라고 한다. 또 아들의 경우는 성탄절에 세례를 받았기 때문에 세례 생일의 의미가 퇴색되고 만다.

하나님이 창조하신 가정을 다시 생각해 보자. 하나님께서 줄로 재어 준 가정은 성도에게 가장 아름다운 기업이다(시 16:6). 또한 그리스도가 주인이 되신 가정은 그리스도께서 계시며(롬 8:29, 새번역) 소통으로 초연결(超連結)된 따뜻한 '펭귄 허들링'(penguin huddling)이 있는 물댄동산 같은 (혈연, 신앙) 공동체이다.

우리가 이 땅에 세워진 하나님의 나라를 맛보려면, 가족 모두가 예수님을 영접해야 한다. 그때에야 가족들이 가정 예배, 절기를 경축하기, 세례 생일 등을 한 마음으로 지킬 수 있지 않겠는가?

가족이라도 신앙의 동질성이 갈수록 희박해지는 시대이다. 하지만 가정 예배를 귀히 여기는 가정이 모이면, 거기에 지역교회가 세워지고 하나님의 나라가 더욱 강력하게 임하게 될 것이다.

- 세례 생일 : 교재 **'세례 생일 축하'** 참고, p.135

- 기타 : ① 교재 **'한 해의 계획 vision 나누기'** 참고, p.135
       ② 목사님(전도사님) 놀이

> ✔ **목사님 놀이**
>
> 가족 가운데 중학생 이하의 자녀들이 있다면, 필자가 진심으로 권장하고 싶은 경건한 **가족 놀이**이다. 목사님 놀이는 자녀의 신앙, 체계적인 성경 지식, 발표력, 소통 능력, 메타인지 등의 성장에 놀랍도록 크게 도움이 된다.
>
> 구체적인 실천 방법은 다음과 같다.
> 1. 자녀의 역할: 교회학교의 예배 시간에 들었던 설교 내용을 가정에서 부모님이 듣는 가운데 그대로 전달한다.
> 2. 부모의 역할: 칭찬하는 가운데, 설교와 관련된 약간의 질문을 한다.
> 3. 준비물: 칠판, 보드마카, 용돈 등

topic 4　마음속 감정

행복은 마음 다스리기에 달렸다.
마음을 가다듬어 정리하고 관리하려면
마음을 좌우지하는
마음속 감정을 배워야 하지 않을까?

"모든 지킬 만한 것 중에 더욱 네 마음을 지키라 생명의 근원이 이에서 남이라." (잠 4:23)

"Above all else, guard your heart, for it is the wellspring of life."

나눔과 활동 1
사람의 마음

내 마음은 구름

박주인

높이 날아가는 흰 구름은
여름날 햇살에 하얗듯 지나쳐 푸르다
하늘을 덮치듯 흐려지던 모습도
바람에 흔들리며 미소 지으며 떠나간다

흘러가는 구름아
사람의 마음처럼 변하며
강한 바람에 휘날려도
가끔은 가벼운 그림자처럼 머문다

그 속엔 비와 눈과 폭풍이 있을지언정
늘 그 위로 햇살이 비추고
다가올 미래를 향한 희망이 있다

구름아, 우리 마음도 변한다
가끔은 슬픔의 이슬이 가득해도
햇살로 밝다 못해 눈물겹게 찬란하다

구름아, 우리는 아름다운 변화를 노래하자
여름날처럼 자유롭고 밝게 빛나며
하늘을 품고 세상을 달리는 그 마음으로

✚ **소통의 목표**

1. 성경에서, 마음이 어떤 의미인지 배운다.
2. 사람의 마음, 그리스도인의 마음, 육체와 마음의 관계에 대해 배운다.

1. 사람의 마음은 . . .

마음은 사람의 지정의(知情意)를 뜻하며, 한 사람의 가장 깊은 내면의 인격 자체이며 '전인격'(全人格)으로 이해된다.

우리는 마음이라는 단어를 오직 감성(감정, heart)과 관련지어 생각하는 경향이 있다. 그런데 'NAVER'의 어학사전을 찾아보면 마음이 '지정의'(知情意)와 관련되어 있음을 알 수 있다. 성경 역시 "**마음**으로 기도하며, **마음**으로 찬송하리라."(고전 14:15) 했는데, 여기에서 마음은 **이성**(mind, 공동번역)을 뜻한다.

1) 생각(mind) : 어떤 사건(사람, 사물, 상황 등)을 가늠하고 판단하는 이성적 작용

"명철한 자의 **마음**은 **지식**을 요구하고 . . . "(잠 15:14/ 신 29:4, 요 13:2)

2) 감정(heart) : 어떤 사건(사람, 사물, 상황 등)에 대한 감성(感性), 기분이나 느낌

"**마음**의 **즐거움**은 얼굴을 빛나게 하여도 **마음**의 **근심**은 심령을 상하게 하느니라."(잠 15:13/ 사 7:2, 막 8:12)

3) 의지(will) : 자발적으로 어떤 일을 실현하려는 의식적인 결심이나 행동

"사람이 **마음**으로 자기의 길을 **계획**할지라도 . . . "(잠 16:9, 삼하 7:9)

4) 영(spirit) : 영혼(soul)과 다르며, 사람에게는 (**사람의**) '**영**'(the spirit of man, 슥 12:1, 딤후 4:22)이 있기에 마음에 '성령'(the Spirit)을 모실 수 있다.

2. 그리스도인의 마음은 . . .

그리스도인의 마음에는 자연인과 달리 삼위 하나님이 내주하신다.

성경에서 마음이란 단어는 천 번이 넘도록 나온다. 그만큼 중요하다는 뜻이다. 하지만 하나님의 형상이 (선언적으로) 회복된 우리 그리스도인조차도 성경에서 마음이 무엇을 가리키는지 두루뭉술하게 이해해 왔다.

그리스도인이 사람의 마음은 물론 하나님의 마음을 인식하고 이해하는 힘을 기른다면, 가정, 교회, 직장, 그리고 사회는 더욱 조화롭고 건강한 공동체로 나아갈 것이다.

> 1) 마음   2) 말씀, 하나님, 예수님(그리스도), 성령님

3. 사람에게 마음을 담는
육체가 있음으로써 좋은 점과 불편한 점은 무엇입니까?

육체에 마음을 담는다는 것은 비유이며, 몸을 이루는 마음과 육체는 분리될 성질이 아니다. 그러므로 인도자는 부활 이후의 몸을 생각하며 좋은 점을 부각해야 한다.

사람에게 육체(flesh)가 있으므로 배고프고 피곤하며 (고민, 갈등, 걱정 등으로) 잠 못 이루고 투병하는 등 불편함이 한둘이 아니다. 그런데 사람이 이런 어려움을 겪는 동안 불안하고 화를 내며 우울해 하지만, 이런 감정을 통하여 예수님을 영접하는 등 하나님의 은혜를 경험하기도 한다.

한편 사람은 육체가 있기에 가족을 이루어, 먹고 마시며 사는 동안 즐거워하며, 서로 협력하고 위로하며, 어려운 이웃을 돌보며, 인생의 대소사로 기뻐하며, 여행의 즐거움을 누리는 등 좋은 점도 많다. 특별히 그리스도인이라면 이 땅에 사는 동안 하나님을 즐거워하며 찬송하는 등 **하나님의 마음**에 접속할 수 있다.

나눔과 활동 2
하나님의 마음

✚ 소통의 목표

1. 인격적인 하나님에 대해 설명할 수 있게 한다.
2. 창조, 타락, 구원에 나타난 하나님의 마음을 헤아리는 시간을 갖는다.

하나님은 자기와 '닮은 꼴'로 사람을 지으셨다. 이는 '사람의 마음' 역시 '하나님의 마음'과 '닮은 꼴'이며, 사람이 '지정의'(thinking, feeling, doing)를 가진 이유가 하나님으로 말미암는다는 뜻이다. 그러므로 그리스도인은 '하나님의 형상'(고후 4:4)이요 '하나님의 본체'(빌 2:6)이신 예수 그리스도를 하나님과 동등하게 섬기듯이, 이웃을 예수 그리스도께 하듯(엡 6:5) 대해야 한다. 이것이 인격적인 하나님을 믿는 성도가 가져야 할 마음의 자세이다.

1. 다음 말씀은 여호와 하나님의 근본 마음이 어떤 분인지 알려줍니다.

자비, 은혜, 노, 인자, 진실 (모두, 사람의 성품을 나타내는 단어이다.)

자비 : 불쌍히 여기는 마음
은혜 : 공로가 없는 자에게 베푸시는 호의
노 : 노여움, 분노
인자 : 언약에 기초한 사랑   진실 : 거짓이 없고 참됨

인용된 성경은 하나님께서 출애굽 과정에서 이스라엘 자손에게 자신을 계시하실 때 하신 말씀이다. 그뿐 아니라 하나님은 저주하시고(창 3:14) 마음에 근심하시고(창 6:6) 후회하시고(삼상 15:11) 진노하신다(출 15:7).

2. 하나님의 마음이 인격적인 이유는 다음과 같습니다.

1) 아들   2) 말씀   3) 기도   4) 함께

하나님은 그리스도의 보배로운 피로 구원받은 하나님의 자녀에게 '생각, 감정, 의지'(thinking, feeling, doing)를 가지고 인격적으로 다가오신다.

하나님은 초월적인 면도 있지만 동시에 사람과 다르지 않은 면도 있다. 예를 들어, 하나님은 좋아하시고(창 1:31), 휴식을 취하시고(창 2:2), 한탄 근심하시고(창 6:6), 기억하시고(창 9:16), 질투하시고(출 20:5), 노하시고(출 22:24), 염려하시는(출 33:3) 등 사람과 같이 '지정의'를 가지셨다.

하나님의 형상인 예수님 역시 피곤해하시고(요 4:6) 목말라하시고(요 19:28) 죽으시고(마 27:58) 사람처럼 혈과 육을 가지시는(히 2:14) 등 인격적이다.

3. 다음 상황에서 하나님의 마음을 '지정의'로 설명합니다.

인도자가 각 문제에 해당하는 그림(p.50)을 설명하면서, 하나님의 마음을 '지정의'로 헤아려보는 시간을 갖는다.

1) 하나님은 계획(**생각**)하신 대로 만물을 창조하신 후에 심히 기뻐(**감정**)하셨다.

2) 하나님은 슬픔(**감정**)을 무릅쓰고, 뜻(**의지**) 가운데 아담을 에덴동산 밖으로 내쫓으셨다.

3) 하나님은 죄 가운데 신음하는(**감정**) 세상을 사랑하셔서(요 3:16), 작정하신 대로(**의지**) 십자가에서 예수님을 화목제물로 삼으셨다.

나눔과 활동 3

마음속의 감정들

✚ 소통의 목표

1. 밖으로 드러난 표정으로 사람의 마음속 감정을 알아맞히게 한다.
2. 상황에 따라 변하는 생각과 감정을 인식함으로써 타인을 이해하는 힘을 기른다.

"만물보다 거짓되고 심히 부패한 사람의 마음은 천길 물속이라."(렘 17:9)
천길 물속과 같은 사람의 마음을 어떻게 알겠는가마는, 어떤 사람의 마음에 깃들인 지정의(知情意) 가운데 감정은 표정으로 드러나기 마련이다. 생각과 의지는 감출 수 있어도 감정은 감추기 매우 어렵다는 뜻이다. 그러므로 표정을 인식하면 그 사람의 감정은 물론, 그 감정을 일으키는 생각과 그 사람이 처한 상황까지도 유추할 수 있다.

일반적으로 자신이 처한 **상황**과 **생각**에 따라 어떤 **감정**이 만들어지고, 그 감정은 **표정**으로 드러나기 마련이다. 예를 들어 긍정적 상황에 좋은 생각을 하면 행복한 감정이 일어나고, 그 결과 기쁜 표정을 지을 수밖에 없다. 그러므로 그리스도인은 이웃의 '**상황, 생각, 감정, 표정**'까지도 파악하여 이웃과 친밀한 관계를 맺어야 한다.

1. 한 주간에 마음속에 일어났던 감정, 다섯 가지 이상을 씁니다.

약 1분 정도의 시간을 주면서 감정을 나타내는 단어를 쓰게 한다.

다섯 가지 감정언어를 쓴다는 것이 쉽지는 않을 것이다. 이 시대의 사람들은 대다수가 감정이 메말라 있다. 교재 '더 패밀리'(the Family)로 가족이 소통하다 보면 점차 많은 감정언어를 사용하게 될 것이다.

2. 각 사람의 표정은 어떤 감정을 나타내고 있습니까?

① 혐오(역겨움)　　② 기쁨　　③ 우울

④ 걱정(불안, 초조)　　⑤ 짜증　　⑥ 화(분노)

각 사람의 표정은 다음과 같은 특징이 있습니다.

① 혐오 : 코를 중심으로 표정이 만들어졌고 코를 찡그리고 있다.

② 기쁨 : 둥근 눈썹, 입꼬리가 올라가 있다. (슬픔은 입꼬리가 내려간다.)

③ 우울 : 눈이 저절로 아래로 처지고 입이 일자로 자연스럽게 닫혀있다.

④ 불안 : 미간을 찡그리고 눈이 어떤 대상을 향해 놀라면서 입을 벌린다.

⑤ 짜증 : 눈썹과 눈, 입 주변이 약간 비대칭이다.

⑥ 화 : 꽉 쥔 주먹, 눈썹에 힘이 들어가고, 입을 꼭 다물고 있다.

3. 다음과 같은 '상황'을 겪으면 어떤 '생각과 감정'이 일어나겠습니까?

위 질문에서 '상황, 생각, 감정'이라는 세 단어가 함께 있는데, '표정'까지 추가하여 문제를 푸는 것도 좋겠다. 가족 간에 서로의 의견을 나누도록 해답에 생각은 생략하였다. 참고로 생각은 또 다른 생각을 낳지만, 어떤 상황이나 생각을 반영하는 감정은 그 감정 자체로 다른 감정을 낳지 못한다.

1) 불안, 초조, 걱정 등 (그림; ④)

2) (사 먹는 동안) 기쁨? / (사 먹은 후) 걱정, 후회와 부끄러움 등

3) 혐오, 당황 등 (그림; ①)

4) 짜증, 화(분노) 등 (그림; ⑤, ⑥)

5) 기쁨, 감격, 행복 등 (그림; ②)

나눔과 활동 4
감정의 발생과 조절

✚ 소통의 목표

1. 우리 마음에 감정이 만들어지는 경로를, 그림을 보고 설명하게 한다.
2. 우리 마음에 만들어진 감정을 어떻게 조절할 수 있는지 설명하게 한다.

"내가 너를 모태에 짓기 전에 너를 알았고 네가 배에서 나오기 전에 너를 성별하였고 너를 여러 나라의 선지자로 세웠노라."(렘 1:5)

우리 그리스도인은 예레미야 선지자처럼 자신을 만드신 이가 하나님이라고 고백한다. 그런데 우리는 자기 마음속 감정이 어떻게 만들어지며 또 그 감정을 어떻게 조절할 수 있는지 잘 알지 못한다. 우리가 감정의 발생과 조절에 관심갖는 이유는 감정이 그리스도인의 삶에 미치는 영향력이 매우 크기 때문이다.

한편 생각을 반영하는 감정은 밖으로 드러나지만, 생각은 마음속에 자신의 정체를 숨긴다. 그래서 생각이 바뀌기 어렵고 그만큼 사람이 변화되지 않는다. 그런데 감정을 조절 관리하면 생각이 바뀌고, 생각이 바뀌면 사람이 변한다는 점은 놀랍다. 말하자면 사람이 변하려면 생각의 변화에 앞서 **감정의 조절 관리가 선행**되어야 한다는 뜻이다.

1. 우리 마음에 감정이 만들어지는 경로를 설명합니다.

감정이란 일반적으로 '신체의 건강 상태'와 사람이 처한 '상황'에 따라, 마음에서 일어나는 느낌이나 기분을 말한다.

감정이 만들어지는 첫 번째 원인은 신체의 건강 상태이다.

예를 들면, 교통사고로 다치면 고통스러워지고, 위장이 쓰리면 통증으로 눈살이 찌푸려지고, 감기에 걸리면 . . .

감정이 만들어지는 두 번째 원인은 그 사람이 처해있는 상황이다.
아내가 먼저 세상을 떠나면 슬플 것이며, 아들이 사회적으로 성공하면 기쁠 것이다. 경시대회에서 우승하면 우월감을 느낄 것이며, 종교적 체험으로 환희를 경험할 수도 있다. 그리스도인은 힘든 상황 가운데서도 기뻐할 수 있지만, 일반적으로 감정은 그 사람이 처한 상황을 반영한다.

2. 감정에 따라 다양하게 바뀌는 표정을 그립니다.

얼굴에 표정을 그린다. (교재 p.53 문제 2참고)

✔ 감정은 우리 몸의 신체 기관에 많은 영향을 미친다.

1. 신체 기관 그리기 (교재 p.136 참고)

신체의 기관들을 그리면서 우리 몸에 깃든 '지정의'(知情意)와 '(사람의) 영', 나아가 (하나님의) '영'을 느끼고, 우리 몸이 유기체라는 의미를 생각해 보자. 이런 과정을 통하여 자신이 하나님의 형상으로 창조된 하나님의 걸작품임을 고백하는 시간을 갖는다.

(사람의 몸은 하드웨어와 같은 신체 기관과 소프트웨어와 같은 '지정의, 영'에 비유될 수 있다.)

2. 신체 기관의 변화

불안이 지속되면 신체 기관에 다음과 같은 일들이 일어난다.

1) 소화, 호흡계 : 소화액 분비가 저하되어 소화불량, 복통 등 소화장애가 일어난다. 호흡은 가빠질 것이다.

2) 순환계 : 심장 박동이 빨라지고 혈압이 상승하여 심혈관 질환에 노출된다.

3) 근골격계 : 근육은 긴장하고 뼈의 인대는 유연성을 잃어 사고가 나기 쉽다.

4) 신경계 : 신경전달물질 분비에 이상이 생겨 교감신경이 활성화될 것이다.

5) 두뇌 : 전두엽의 기능이 저하되어 집중력, 판단력, 기억력 등에 문제가 생긴다.

6) 기타 : 불면증과 같은 수면 장애, 면역력의 저하, 불안과 분노가 지속되면 우울증, 불안장애 등으로 발전될 것이다.

"마음의 즐거움은 양약이라도 심령의 근심은 뼈를 마르게 하느니라."(잠 17:22) 마음에 기쁨이 있고 감사하면 신체 기관에 생기가 일어 건강하겠으나, 마음이 불안하거나 화가 나면 신체 기관이 제 기능을 발휘하지 못하고 다양한 질병에 노출될 것이다. 그뿐이랴? 학업성적은 떨어지고 업무 효율은 낮아질 것이다. 또 친구와의 친화력도 떨어지고 사회성도 나빠질 것이다.

불안, 화, 우울함과 같은 어두운 감정을 조절 관리할 능력이 없다면, 그 사람을 가리켜 신앙생활을 잘하는 그리스도인이라고 말할 수 있겠는가?

3. 우리 몸에 만들어진 감정은 어떻게 조절될 수 있습니까?

'더 패밀리'에서는 대표적 어두운 감정 세 가지, '불안(6과)', '화(7과)', '우울(8과)' 등을 어떻게 조절 관리할 것인지에 대해 배운다. 예를 들어 성령의 복식호흡, 기도, 찬양, 친구 및 가족과의 대화, 산책, 각종 모임, 운동 등은 감정을 조절하는 실제적 방법이다.

참고로 우리 몸은 서로 긴밀하게 연결된 유기체이기 때문에, 감정은 다음 그림처럼 다양한 요인들과 서로 영향을 주고받으며 (감정이) 변화하고 (감정이) 조절된다.

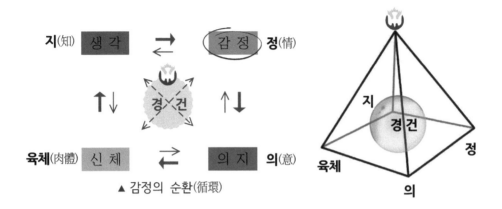

▲ 감정의 순환(循環)

✔ 위 그림을, 예를 들어 설명하자면,

무슨 **생각**을 하느냐에 따라 감정이 생겨나기도 하고 조절되기도 한다.

신체가 아프면 감정이 생겨나고, 아픈 정도에 따라 감정의 강도가 다르다.

의지를 발휘하면 짜증 난 감정도 감사한 감정으로 바뀐다.

경건의 능력이 있으면 (생각, 신체, 의지를 뛰어넘어) 항상 기뻐하고 감사할 수 있다.

나눔과 활동 5
감정의 준비 운동

✚ 소통의 목표

1. 표정 놀이, 감정의 영점 조정 등을 진행하면서 '더 패밀리'를 진행할 동력을 얻는다.
2. 추상적인 감정이 객관적이며 구체적 삶의 영역으로 전환되게 한다.

1. 표정 놀이

한쪽이 표정을 지으면 상대방은 어떤 표정인지 맞히거나, 다른 한쪽이 감정언어를 특정하면 상대방은 표정을 짓는다.

우리는 말과 행동을 의식적으로 조절함으로써 자기 생각과 감정을 남에게 감추며 살아간다. 그러나 아무리 감추고 싶은 생각이라도 감정을 나타내는 표정에는 생각의 그림자가 미세하게 드러나기 마련이다. 그런 만큼 표정 관리는 의사소통에 중요한 역할을 한다. 왜냐하면 소통의 당사자는 대화의 내용보다는 상대방의 표정과 목소리의 억양에 본능적으로 집중하기 때문이다.

한편 자신의 감정을 표정으로 표현하는 것은 정서발달과 원활한 소통에 큰 도움이 되며, 가족, 성도, 이웃 간의 건강한 관계를 형성하는 데도 유익하다. 특히 성경을 읽을 때, 등장인물의 표정을 상상하며 읽으면 내용이 한층 생동감 있게 느껴질 것이다.

▪ 표정 놀이를 하면서 어떤 생각이 들었습니까?

내가 웃으면 상대방도 밝은 표정을 짓는다는 사실 하나라도 깨닫고, 나부터 가정과 교회에서 건강한 표정 짓기를 실천하면 좋겠다. (미러링 mirroring 효과, 동조 효과를 참조)

실천을 위한 다른 예를 들어보자.

불안해서 "걱정된다. (하던 일을) 그만두자."라고 말할 수 있다. 그런데 '그만두자'라고 말하는 순간, 없는 불안함이 생겨나기도 한다. 사나운 개가 눈앞에 있으면 불안해서 심장이 빨리 뛰겠지만, 거꾸로 심장이 빨리 뛰면 그때부터 개가 앞에 있는 것만으로도 불안해지는 이치이다.

그러므로 "내 감정이 ××× 하므로 ×××한 말(행동, **표정**)을 한다."라고 하기보다 긍정적인 말(행동, **표정**)을 함으로써 어두운 감정을 미리 조절할 수 있어야 한다. 화가 나서 찡그린 표정을 짓겠지만, 찡그린 표정만 짓지 않아도 화는 추슬러진다는 뜻이다.

2. 감정의 영점 조정

'불안, 화, 기쁨, 우울'의 정도를 빗금으로 표시함으로써 자신의 감정 강도가 어떤 상태에 놓여있는지 인식하고 감정을 조절 관리하는 힘을 기른다.

종합병원 침상의 한쪽 면에는 (육체적) 통증의 정도를 측정하는 표가 붙어있곤 한다. 의사는 환자에게 "통증의 정도가 0 ~ 10 사이에 어느 정도입니까?"라고 묻는다. "어느 정도 아픕니까? 조금이요, 많이요?"라고 묻는 것보다 정확한 진단 방법이다. 마찬가지로 감정의 깊이를 수치로 계량화하다 보면 자신의 감정을 객관적으로 **인식**하는 데 도움이 될 것이며, 상대의 마음을 이해하고 소통하는 데도 유용할 것이다.

SH 쉐마교육에서 **인식**이란 경험적이고 직관적으로 알아차리고 감지하는 것을 뜻하지만, 모르는 것을 인정하고 배우려는 자세가 뒤따라야 한다(요 9:41).

1) 사람마다 편차가 있겠지만 평범한 일상에서, 어두운 에너지는 5가 넘지 않도록, 밝은 에너지는 5 이상으로 맞추면 좋겠다.

2) ① 걱정된다, (하던 일을) 그만두자. ➡ 힘들지만, 다시 도전해 보자.

② 부당해, 싸우자! ➡ 부당해, 어떻게 개선하면 좋을까?

③ 좋아, 즐기자! ➡ 참, 좋구나 ~ 하나님 감사합니다.

④ 침울해져, 아무것도 하고 싶지 않아. ➡ 힘들지만, 기쁨을 회복하자.

본 문제는 특정 감정에 대한 사람들의 일반적인 반응을 묻고 있지만, 인도자는 가족들이 다양한 상황에 대해 그리스도인답게 반응하도록 이끌어야 한다. 그리스도인이라면 복음에 기초한 생각과 말과 행동이 뒤따라야 하지 않겠는가?

3. 감정의 분류

노랑 상자 안의 다양한 감정들을 '기쁨, 불안, 화, 우울' 등 네 가지로 분류하면서, 다양한 감정들의 뿌리를 이해하는 힘을 기른다. (해당하는 감정들을 네 뭉치의 나뭇가지 위에 쓴다.)

'두려움, 기쁨, 분노, 슬픔, 혐오'는 사람이 일반적으로 경험하는 (다섯 가지의) 기본감정 유형으로 알려졌다. 여기서는 (노란색 상자 안의) 다양한 감정들을 '기쁨, 불안(두려움), 화(분노), 우울(슬픔)' 등으로 분류하면서, 그동안 자신이 주로 어떤 감정으로 살아왔는지 돌아보는 시간을 갖는다.

① 기쁨 : 감격, 즐거움, 뿌듯함 등

② 불안 : 초조함, 긴장, 안절부절 등

③ 화   : 짜증, 분노, 신경질 등

④ 우울 : 쓸쓸함, 외로움, 허전함, 서러움 등

4. 감정 보드

감정 보드를 사용하는 이유는 감정을 인식하고 조절 관리하는 힘을 길러 상황에 따라 지나친 감정 편차가 없도록 하는 데 있다.

감정 보드를 활용할 때, 주의할 점은 다음과 같다.

첫째, 하루의 정해진 시간에 점검한다.

둘째, 기대하는 감정이 아닌, 현재 자신의 감정 상태에 좌표를 찍어야 한다.

셋째, 일주일 동안의 감정 변화의 편차가 어떤지 점검한다.

일반적으로 쉬거나 업무 중일 때는 녹색, 복음을 전하거나 영업할 때면 노란색이 좋겠고, 부당한 일을 당하면 붉은색, 우울하면 파란색이 될 것이다.

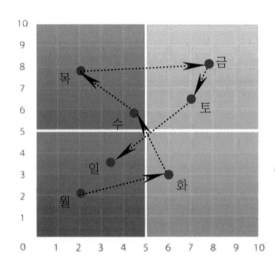

✔ 어느 직장인이 자신의 감정을 매일 오후 2시에 측정한 결과이다. (감정 편차가 큰 편이다.)

✔ 감정 보드를 활용할 수 있는 다양한 예시

1. 가정 : 등교, 출근 전에 스티커로 자신의 감정 상태를 보드에 붙인다.
2. 주일 예배당 : 성도들이 주일에 예배당 입구에서 붙인다.
3. 동아리 : 동아리 회원이 모임 장소에 모이는 족족 붙인다.

감정은 신앙과 생활에
부정적인 그 무엇으로 여겨졌다.
그런데 알고 보면 감정만큼
우리 삶을 부요하게 하는 게 있을까?

"나의 자녀들아 너희 속에 그리스도의 형상을 이루기까지 다시 너희를 위하여 해산하는 수고를 하노니." (갈 4:19)

"My dear children, for whom I am again in the pains of childbirth until Christ is formed in you,"

나눔과 활동 1
그리스도인의 감정

✚ 소통의 목표

1. 인도자는 가족들이 감정의 측면에서도 예수님을 닮도록 돕는다.
2. 인도자는 가족들이 감정을 조절 관리하는 정서적 능력이 향상되도록 돕는다.

사람과 동물은 같은 여섯째 날에 창조되었지만, 사람이 동물과 달리 특별한 방식으로 창조주에게 속함을 보여 주는 단어가 '하나님의 형상'이다(창 1:26). 형상(image)으로 번역된 '체렘(히)'은 신이나 통치자를 나타내는 석상(石像)이나 신상(神像, 단 3:1)을 가리키며, '하나님의 형상'이란 사람이 하나님의 대리자이며 피조물의 으뜸이 됨을 반영한다.

사람이 하나님의 형상으로 창조되었다는 것은, 사람이 생각과 의지는 물론 다양한 감정으로 하나님과 인격적 교제를 할 수 있음을 뜻한다. 특별히 사람이 화내고 후회하며 슬퍼하는 것은 무엇인가 부족하고 타락하였기 때문이 아니며, 본질적으로 하나님의 형상으로 창조되었기 때문이다.

성경에는 창조주 하나님의 감정이 상당히 자주 기록되어 있는데, '하나님의 형상'(고후 4:4)이신 예수님 역시 다양한 감정으로 공생애를 사셨다. 그럼에도 교회교육은 전통적으로 감정이 이성적 신앙생활을 방해하는 것으로 간주했다. 이런 이유로 교회는 성도들에게 감정을 활용, 조절, 관리하는 방법을 교육하지 않았다.

교회는 성도들이 '하나님의 형상'이신 예수님을 온전히 닮도록, 이제라도 그들에게 감정에 대한 기본 교육을 하되, 특별히 **'정서지능(EI)'**에 주목해야 한다.

1. 성육신하신 예수님의 감정은 우리와 비슷한 면이 있습니다.

예수님을 영접한 성도의 마음속 뿌리 감정은 기쁨이다. 그 이유는 복음이 기쁨이며(마 2:10, 눅 2:10) 또한 구원받은 성도의 삶 역시 '말할 수 없는 영광스러운 기쁨'(벧전 1:8, 즐거움, 롬 5:2)'이기 때문이다. 종교개혁자 루터는 이런 기쁨을 '샘솟는 기쁨'이라 했는데, 그리스도인은 어떤 상황에서도 기뻐할 줄 알아야 한다(빌 4:4).

한편 예수님을 영접하지 않은 자연인의 마음속 뿌리 감정은 무엇일까?
최초의 사람 아담은 하나님의 낯을 피하면서부터 죽음이라는(창 2:17) 두려운 감정을 경험하게 되었다(창 3:10). 이후로 아담의 후손인 모든 사람은 기쁨 중에도 하나님을 떠난 존재론적인 두려움과 죽음에 대한 근원적인 무서운 감정에 직면하며 살아간다.

1) 성경에 기록된 예수님의 감정들은 다음과 같습니다.

① 탄식하며 노하심 ② (성령님으로) 기뻐하심

③ 불쌍히 여기심 ④ (눈물을 흘리며) 슬퍼하심

2) 성령님

2. 그리스도인이 예수님처럼 감정을 조절, 관리하려면 . . .

정서

요즘 각광받는 EI(emotional intelligence, 정서지능)는 1990년 '피터 샐로베이'(Peter Sa-lovey, 예일대 심리학)와 '존 메이어'(John D. Mayer, 뉴햄프셔대 심리학)에 의해 처음으로 학계에 발표됐다. 두 사람은 IQ가 지적인 능력인 것처럼 EI 역시 정서적이며 지적인 능력이라고 주장한다. 놀라운 점은 EI가 높으면 학업성적이 높고 사회적으로 적응도 잘하며 창의적이고 경제적인 능력도 뛰어나다는 것이 다양한 실험을 통해 밝혀졌다. 중요한 점은 EI는 IQ와 달리 교육과 훈련으로 얼마든지 향상될 수 있다는 것이다.

우리는 EI(정서지능)가 그리스도인의 정서와 성품과 깊이 관련되어 있다는 점을 주목해야 한다. 그래서 '더 패밀리'는 감정을 잘 인식하고 이해하며, 이를 적절히 활용하며 관리하는 것이 그리스도인의 정서와 성품에 큰 영향을 미친다는 점을 강조하고 있다.

3. 두 성도의 가정을 '감정의 조절과 관리'의 측면에서 비교합니다.

양쪽 다 그리스도인 가정으로, 추위(어려운 상황)를 이겨내려 난로를 지피고 있다. 그런데 왼쪽 가정은 불이 조절 관리되지 못하여 가재도구가 타듯 집안에 다툼과 분노로 가득한 모습이다. 반면에 오른쪽 가정은 불이 조절 관리되어 집안이 따뜻하듯 가족들이 하나님의 생명과 그 풍성함을 누리는 포근한 분위기이다.

감정은 이성(생각, 의지)보다 우리 삶에 더 직접적인 영향을 미침에도 불구하고, 이제까지 교회교육은 감정을 간과하거나 무시해 왔다. 그래서인지 예배당에서는 믿음 좋은 성도로 인정받지만, 가정에서는 부부 금실과 포근한 부모의 역할에 부족함이 보이는 성도가 적잖은 것도 엄연한 사실이다.

나눔과 활동 2

감정 발생의 원리

✚ 소통의 목표

1. 우리 몸안에서 감정이 만들어지는 다양한 경로를 알아보는 시간을 갖는다.
2. 그리스도인만이 경험할 수 있는 성령의 감동을 서로 나눈다.

'감정을 일으키는 요인들'과 '감정이 발생하는 기전(메커니즘)'을 이해하려고 애써보라. 성령님께서는 그런 당신에게 감정을 조절하고 관리할 힘을 주실 것이다. 왜냐하면 성령님은 정서적 영역에서도 예수님을 닮으려고 애쓰는 성도에게 역사하시는 게 당연하기 때문이다.

그러면 우리 몸에 감정을 일으키는 요인들은 무엇인가? 첫째는 **외부 환경**이다. 예를 들어 눈, 코, 귀 등을 통해 외부의 자극들을 받아들일 때 감정이 일어난다. (성공, 실패 등에 관련된) 사건들 역시 외부 환경에 속한다. 둘째는 **내부 환경**이다. 예를 들어 피로와 질병 등으로 인한 몸의 건강 상태, 과거의 기억들, 가치관 등도 현재의 감정에 영향을 미친다. 셋째는 인간관계와 같은 **사회적 환경**으로 인해 감정이 일어난다.

이제는 감정이 발생하는 기전(메커니즘)에 대해 알아보자.
가장 먼저 외부(내부, 사회적) 환경과 관련된 **자극들**이 우리 몸의 감각기관을 통해 **뇌에 전달**된다. 다음으로 우리 뇌는 입력된 자극들을 (가령 뱀이 무섭다고) **판단**하며, 이어 우리 몸은 심장이 뛰든지 손발에 땀이 나든 등 **반응**한다. 어떤 경우에는 판단하거나 반응하기도 전에 도망치는 등 **행동**할 것이다. 마지막으로 여유가 생기면, "힘들다. 행복하다."와 같이 **해석**할 것이다. **성령의 감동**도 본 주제에서 다룬다.

✔ 위 내용은 본 교재 p.64의 그림에 대한 설명이다.

1. 광야의 이스라엘 자손이 하나님과 모세를 . . . 감정이 일어났기 때문입니다.

이스라엘 자손은 물론 모든 사람은 귀, 눈, 입, 코, 피부 등을 통해 뇌에 전달된 외부의 정보를 (두려움, 기쁨 등으로) 판단하고 이에 알맞게 반응한다.

애굽에서 종살이하던 이스라엘 자손은 심한 강제 노역으로 고통스러웠지만 비옥한 나일강 덕분에 목마르고 배고파 죽을 지경은 아니었다. 그런데 출애굽을 한 그들은 광야에서 **귀**(그림 ①)로 무엇을 들었겠으며, **눈**(그림 ②)으로 무엇을 보았겠는가?

물도 양식도 없는 황량한 광야 생활을 상상해 보라. 제대로 씻지 못해 초췌한 모습, 배고프고 목마르다며 불평 원망하는 소리, 피할 나무도 없이 내리쬐는 햇빛, 저녁에 차갑게 밀려오는 냉기, 날카로운 바람 소리, 누우면 나뭇가지 천막 틈으로 들어오는 별빛 등

모든 사람은 이목구비, 손발, 피부 등을 통하여 외부 상황 정보를 받아들이고, 이를 두뇌로 판단하고 반응한다. 이런 과정을 통하여 뇌에서 적절한 감정이 만들어진다.

2. 귀와 눈과 같은 감각기관이 아니어도 다음과 같이 감정이 만들어집니다.

1) 그림 ③, 사람의 신체(육체)는 감정을 만들어낸다.

다음은 일반적으로 받아들여지는 이야기이니 오해 없길 바란다.

사람이 좋은 환경에서 살거나 신체가 건강하면 그에 걸맞은 감정이 일어나겠지만, 열악한 환경에 살거나 질병에 걸리면 그에 합당한 감정이 만들어질 것이다. 예를 들어 비염이 심하면 성격이 신경질적으로 변하고, 만성 소화불량에 걸리면 무기력과 우울함에 빠지기도 한다. (참고로 대장은 면역세포가 가장 많고 신경세포도 뇌 다음으로 많아서 제2위의 뇌로 불린다. 그래서 대장이 건강하면 정서적으로도 건강하다고 알려졌다.)

2) 그림 ④, 사람의 생각 역시 감정을 만들어낸다.

우리 뇌에서 좋은 생각을 하면 좋은 감정이 일어나고, 나쁜 생각을 하면 그에 상응하는 부정적인 감정이 일어난다. 이스라엘이 비록 광야 생활 중이라도 하나님의 약속을 믿어 (뇌에서) 선한 생각을 했다면, 그들은 원망과 불평에 매이지 않았을 것이다.

3. 그리스도인만이 경험하는 특별한 감정은

.... (그림 ⑤)의 **감동으로 주어집니다.**

성령님

예수님이 성령으로 기뻐하신 것처럼(눅 10:21) 신구약에 등장하는 수많은 하나님의 사람 역시 성령의 임재 가운데 다양한 감정을 나타내 보였다.

하나님의 영에 크게 감동된 사울은 야베스 사람의 고통에 분노했다(삼상 11:6). 성령이 충만한 바울은 엘루마를 향해 분노했다(행 13:9-11). 성령 충만한 빌립이 사마리아 성에서 그리스도를 전하니 그 성에 큰 기쁨이 있었다(행 8:8). 베드로는 환난 중에도 말할 수 없는 영광스러운 즐거움으로 기뻐했다(벧전 1:8).

한편 그리스도인이 성령의 감동으로(딤후 3:16) 기록된 성경을 읽고 감동받는다는 점은 아주 특별하다.

필자가 경험한 몇 가지 '성령의 감동'에 대해 이야기하자면 이렇다.

첫째, 하나님이 기뻐하시는 일을 할 때면 마음이 뿌듯하다.
둘째, 불의한 생각과 결정을 할 때면 회개할 마음이 일어난다.
셋째, 범사에 감사하면서 사는지 돌아보게 한다. 등등

나눔과 활동 3
감정 습관

✚ 소통의 목표

1. 자기 내면에 은밀하게 감춰진 감정 습관을 발견하게 한다.
2. 어둡고 부정적인 감정 습관이 건강한 감정 습관으로 바뀌게 한다.

되풀이 반복함으로써 생기는 습관은 생활을 안정시키는 긍정적인 면도 있지만, 건강한 변화까지도 거부할 수 있다는 점에서 부정적인 면도 있다.

SH 쉐마교육은 인지 습관, 감정(정서) 습관, 영적인 습관, 생활 습관 등을 다루지만 여기서는 정서와 성품의 바탕이 되는 '감정 습관'을 다룬다. 많은 습관 중에서 '감정 습관'을 다루는 두 가지 이유가 있다. 첫째, 감정은 인간의 지정의(知情意) 가운데 아담의 타락으로 가장 크게 손상되었기 때문이다. 둘째, (후성 유전학에서 주장하는 것처럼) 감정 습관은 다음 세대에 유전될 가능성이 있기 때문이다.

본 단원에서는 자신의 **감정 습관**을 발견하고, 그 습관이 생활에 부정적 영향을 미친다면 어떻게 **개선할 수 있는지** 살펴보게 한다.

> **✔ 후성 유전학** (Epigenetics)
>
> '환경, 습관, 먹거리' 등의 영향으로 (유전자 자체의 염기서열에는 변화가 없지만) 유전자의 발현 상태가 조절 변화되고, 나아가 형질까지도 후천적으로 취득하게 됨으로써 그 변화가 다음 세대로 이어진다는 유전 이론이다.

1. 자주 웃는 사람, 그냥 입 다물고 사는 사람, 툭하면 화내는 사람 . . .

첫째 그림은 어떤 상황에서도 잘 웃는 표정이며, 둘째 그림은 우울함이 지나쳐 말이 없는 모습이며, 셋째 그림은 별거 아닌 문제로 곧장 화를 내는 표정이다.

1) 가족이 자주 보이는 감정적 반응을 주제로 이야기합니다.

생략

필자는 목회자이기에 성도들의 속마음을 오랜 시간 들으려고 애쓰지만, 시간이 길어지면 나도 모르게 힘이 소진되고 피곤해진다. 그래서 필자는 이야기가 길어지면 힘든 표정을 드러내지 않으려고 힘써 감정을 조절한다.

듣는 습관, 말하는 습관, 생각하는 습관, 공부 습관, 노는 습관, 화내는 습관, 기도 습관, 먹고 마시는 습관, 여행하는 습관 등 다양한 습관이 있겠지만 특별히 '감정 습관'을 주제로 대화하는 시간이다.

당신이 출석하는 교회의 성도들, 직장의 동료들은 감정을 예쁘게 포장하기 때문에 세심한 주의가 없으면 그들의 감정 습관을 발견하기 어렵다. 그러나 당신과 오랫동안 함께 살아왔던 가족들의 감정 습관은 어렵지 않게 발견할 것이다. 가족은 일반적으로 자신의 감정을 숨기려 하지 않기 때문이다.

2) 자신의 '감정 습관' 하나를 밝힐 수 있습니까?

인격적으로 성숙한 성도는 자신의 감정 습관을 인식할 것이다.

필자는 초등학교 5학년 이후로 부모님과 떨어져 오랫동안 객지 생활을 해서인지, 지금도 혼자 있을 때가 정서적으로 편하다. 또 타고난 기질적인 면도 있겠지만, 고등학교 졸업할 때 어머니가 일찍 세상을 떠나서인지 내면에서 주기적으로 우울한 감정이 일어난다. 필자는 우울감이 밀려오면 SH 쉐마교육에서 가르친 대로 감정을 조절한다.

2. 그녀가 교통사고로 입원한 아들에게 화낸 이유를 설명합니다.

그리스도인이 아니어도 정서적으로 건강한 사람이라면 '상황 ➜ 생각 ➜ 감정 ➜ 행동'의 순서이다. 그런데 그녀는 습관이 된 감정에 이끌려 상황을 판단하기도 전에 (감정이 주도하는) '상황 ➜ 감정 ➜ 행동 ➜ 생각'의 회로로 반응하고 있다. 감정이 이성을 가로막고 "썩을 자식아 ~ 조심해야지!"라고 소리친 것이다.

어머니는 교통사고 난 아들을 보고 무척 마음이 아팠을 것이다. 그런데 그녀의 말투는 쌀쌀맞기만 하다. 어머니의 의도와는 달리 몸에 밴 감정 습관이 그녀 안에서 번개처럼 빠른 속도로 강력하게 튀어나온 것이다. 말과 태도는 생각을 반영하지만, 생각을 건너뛰게 하는 것이 감정 습관이다. 감정 습관에 빠지면 자기 생각과 말과 행동을 돌아볼 기회를 놓치고 만다. 감정 습관은 돌격대장이다.

정서적으로 건강한 어머니라면 불의의 교통사고를 당한 아들을 무조건 위로했을 것이다. 설령 아들에게 과실이 있었을지라도 말이다.

✔ 어떤 권사님의 간증

서른 갓 넘은 청년이 13층 아파트 난간에서 땅으로 추락했다. 술을 깨려고 아파트 베란다의 난간에 기대어 담배를 피우다 당한 일이다. 늦은 밤에 순찰하던 경찰이 나무 아래에서 신음하는 청년을 발견하고, 그를 병원 응급실로 옮겼다. 침엽수 나무가 청년의 낙하 속도를 떨어뜨려, 그는 허리가 삐고 무릎이 골절되었을 뿐이었다. 그야말로 천운이고 하나님의 은혜이다.

권사님은 남편에게 상황을 전했다. 그는 택시를 타고 황급히 대학 병원 응급실로 달려와, 한쪽 발을 통깁스하고 침상에 누워있는 아들 앞에 섰다. "야 × 새끼야 ~ ." 동시에 그는 아들의 양쪽 뺨을 투박한 손으로 이리저리 세차게 갈겼다.

필자가 권사님의 이야기를 들을 때, 그 청년을 향한 하나님의 긍휼히 여기심이 느껴져 그에게 결혼할 여자 친구를 소개했다. 청년의 아버지는 어린 나이에 새어머니 밑에서 구박받으며 성장했다고 한다. 아버지의 감정 습관은 불의의 교통사고로 침상에 누워있는 아들의 뺨을 아무런 생각 없이 휘둘러 때릴 정도로 급하고 강했다.

3. 그녀가 고질적 감정 습관에서 벗어나려면 어떻게 해야 합니까?

필자가 알기로는 감정 습관을 고치는 좋은 처방이 있는데, 그것은 '자기 성찰 일기'를 쓰는 것이다.

불안(6과), 화(7과), 우울(8과)은 물론 다양한 감정 습관을 해결하는 방법은 대부분 다음 설명의 범위 안에 있다.

첫째, (무엇보다 중요한데) 자신의 감정 습관이 무엇인지 인식한다.

둘째, (감정 습관의 순환고리를 끊기 위해) 생각을 바꾸어야 한다.
무의식적 **숨은 생각**을 찾는다.

셋째, 부정적 감정 습관이 일어날 때면 그 자리를 피하거나,
스트레칭이나 성령의 복식호흡을 한다.

넷째, '자기 성찰 일기'를 쓰고, 그 내용을 따라 기도한다.
(교재 p.137, **'자기 성찰 일기'** 참고)

나눔과 활동 4

감정의 특징 1

✚ 소통의 목표

1. 감정의 특징과 감정이 어떤 역할을 하는지 배우는 시간이다.

화가 나면 콩팥 위에 있는 부신에서는 아드레날린과 같은 스트레스 호르몬이 빠른 속도로 분비되어 교감신경이 흥분된다. 호흡은 가빠지고 심장은 급히 뛰고, 근육에 에너지가 급작스럽게 충만하여 팔다리에 힘이 들어간다. 혈액이 신속하게 근육으로 몰려 사리 판단을 하는 전두엽에 산소 공급이 부족해지므로 뇌 기능이 마비되고 만다.

감정은 이처럼 이성보다 빨리 반응한다. 이성은 빨리 반응하는 감정을 어떻게 합리화시킬 것인지, 그 감정을 어떻게 누그러뜨릴지 늦게서야 고민한다. 이성이 감정 앞에서 별다른 힘을 발휘하지 못한다는 뜻이다.

1. 어느 쪽 남녀의 만남이 성사되겠으며, 그 이유를 설명합니다.

심장을 뛰게 하는 놀이기구를 타면서 데이트하는 커플은 감정의 영향을 크게 받아 만남이 성사된다. 그러나 카페에서 만난 두 사람은 차분한 분위기 가운데 이성적 작용이 활발하여 상대를 판단하기에 바빠 만남이 지속되지 못한다.

✔ 동영상 2 : **'남녀 데이트'** ("인간의 두 얼굴, 제3부, 긍정적 착각, 11:06-13:36, EBS" 인용)

2. 감정은 다음과 같은 특징이 있습니다.

1) (이성과 비교해) 급하고 강하다.
2) 사람을 움직이는 (휘발성) 에너지를 가지고 있다.
3) 생각을 건너뛰게 만든다.
4) 상처를 받으면 마음에 (이성보다 강한) 감정의 흔적을 남긴다.

나눔과 활동 4

감정의 특징 2

✦ **소통의 목표**

1. 감정의 특징을 배우는 가운데 인간의 어떠함을 이해하게 한다.

1. 감정을 없애는 신약을 복용하면 어떤 장단점이 있을까요?

그 자체로 부정한 것이 없는 것처럼(롬 14:14) 불필요한 감정은 없다. 그러므로 두려움, 걱정, 분노와 같은 감정이라도 일방적으로 억제의 대상이라 일축해선 안 된다.

특정한 감정을 조절 억제하는 약물을 시급하게 복용해야만 하는 경우가 있지만, 원칙적으로 생각과 행동의 변화를 통해 감정을 조절 관리하는 것이 바람직하다.

■ 장점

감정을 (적정선에서) 조절하는 약물을 복용하면 지나친 걱정, 두려움, 우울함 등은 물론 과도한 흥분과 조급함으로부터 자유로워질 것이다. 그림처럼 사자 앞에서도 두려워하지 않는(단 6장) 다니엘이 되고, 세 번 파선 당해도(고후 11:25) 무서워하지 않는 바울이 될 것이다. 이와 같은 긍정적인 효과가 있기에 의료 현장에서는 정신건강을 위해 감정을 조절 억제하는 약물이 사용되고 있다.

■ 단점

첫째로, 두통, 어지럼증, 체중의 증가나 감소, 졸음, 소화불량 등과 같은 신체적 부작용을 유발할 수 있다. 둘째로, 무기력증, 집중력 저하, 기억력 감소, 감정이 무뎌지는 등 정신적 부작용을 유발할 수 있다. 셋째로, 약물을 장기적으로 사용하면 내성이 생겨서 중단할 때 금단 증세가 나타날 수 있다. 넷째로 자율신경계와 신경전달물질(혹 호르몬) 분비에 이상이 생길 수 있다. (교재 p.138, **'자율신경 강화'** 참고)

약물은 일시적으로 정신건강을 회복하게 하지만 근본적인 해결책이 못 된다. 심리 치료와 같은 비약물 치료를 병행하면서 충분한 운동, 식습관 개선, 충분한 수면, 생활 환경 개선, 스트레스 관리와 같은 생활 습관 개선이 필요한 이유이다.

중요한 것은, 어두운 감정이 누적되지 않도록 평상시에 자신의 감정을 돌아보아야 한다. 특별히 그리스도인이라면 규칙적으로 십자가와 부활 신앙을 점검하고 하나님의 가족이라는 정체성을 스스로 (혹은 공동체를 통하여) 확인해야 한다. 이와 같은 정신건강에 대한 필자의 이야기는 상투적 이론이 아닌 많은 목회 경험에서 나왔다.

2. (그림 2와 같은) **감정 해소 방법들이 얼마나 효과가 있을까요?**

그림처럼 대처하면 불안, 화, 우울의 정도가 더 심해질 것이다. 또한 몸의 건강도 삶의 질도 나빠질 것이다.

- 불안할 때 : 담배 피우거나 술을 마신다.
- 화날 때 : 무엇인가 던지고 부순다. 어떻게든 참는다.
- 우울할 때 : 주로 집에 처박혀서 고립된 상태로 지낸다.

3. '감정 기억'이 퇴적물이나 빙산에 비유되는 이유를 생각해 봅니다.

첫 번째 그림 : '감정 기억'은 퇴적된다.

독일에서 오랜 광부 생활을 했던 분들에게 치매가 찾아오면, 그들은 평상시에 사용하던 독일어 대신 이미 잊힌 한국어를 사용한다. 두뇌에 최근 기억이 사라지고 오랜 기억만이 남아있기 때문이다. 이처럼 지난날의 상처가 되는 감정은 세월이 흘러도 사라지지 않고 잠복했다가 특정한 상황에 자신의 정체를 밖으로 드러낸다.

두 번째 그림 : 기억 저편 무의식의 '감정 기억'이 우리 삶에 영향을 미친다.

너무 오래된 '사실 기억'은 완전하게 잊힐 수 있지만, **'감정 기억'**은 실체적 진실과는 상관없이 우리 뇌에 깊게 새겨진다. 예를 들어, 어린 적에 부모로부터 매맞은 사실 기억은 조끔씩 변형되어 기억되거나 아예 잊히게 된다. 그런데 매맞은 아이가 그 당시의 상황이 억울하다고 느꼈다면, 그 감정 기억은 그 아이의 뇌에 깊이 뿌리를 내린다. 그래서 부모와 장성한 자녀 사이에 그럴만한 이유가 없음에도 서먹서먹한 관계가 될 수 있다.

'여기 현재'(here & now)가 중요하다는 이유로 과거의 영향력을 무시해도 된다는 생각은 오히려 반(半, half) 성경적이며 영적으로 무지하기조차 하다. 뿌리 깊은 과거의 죄까지도 속죄하신 예수 그리스도의 대속을 깊이 생각해 볼 일이다.

4. 감정에 관한 다음 법칙들을 설명합니다.

1) 물병의 법칙 : 모든 사람은 크기가 다른 자신만의 감정 물병을 가지고 있는데, 그 물병에는 보이지 않은 감정이 차곡차곡 쌓인다.

페트병의 크기가 다르듯이, 사람마다 감정 탱크의 용량은 차이가 있다. 또한 페트병 안의 수량도 줄었다 늘었다 하듯이, 사람의 감정 탱크 안의 특정 감정도 줄었다 늘었다 한다. 페트병 안의 물이 생수라면 넘쳐도 좋겠지만, 폐수라면 어떤 결과를 초래하겠는가? 감정 탱크 안의 감정이 밝은 것이라면 오히려 넘치는 게 좋겠지만, 어두운 것이라면 그 피해가 자신과 가족, 여타의 공동체에 악영향을 미칠 것이다.

사울 왕은 사무엘과 하나님으로부터 줄곧 책망을 듣는다. 이런 상황에서 다윗이 골리앗을 이기자 백성들은 다윗을 칭송한다. "사울이 죽인 자는 천천이요 다윗은 만만이로

다."(삼상 18:7) 이처럼 다윗이 백성으로부터 칭송을 받자, 사울은 분노하는 가운데 다음과 같은 생각을 한다. "다윗에게는 만만을 돌리고 내게는 천천만 돌리니 그가 더 얻을 것이 나라 말고 무엇이냐."(삼상 18:8)

사울 안에 쌓인 불쾌한 감정이 분노한 감정으로, 분노한 감정이 두려운 감정으로(삼상 18:12) 변하는 등, 이렇게 그의 감정 탱크에 어두운 감정들이 점점 강도 높게 차곡차곡 쌓여 임계점에 이르자, 그는 다윗을 죽이려 하였다.

그리스도인이라도 자기 안에 쌓인 어둡고 부정적인 감정의 수위를 알아차리지 못하면, 사울의 경우처럼 감정이 순간적으로 자기 통제에서 벗어나게 된다.

2) 부메랑의 법칙 : 감정은 운동력이 있어 주는 만큼 되돌아온다.

호주의 원주민들은 던지면 되돌아오는 부메랑의 성질을 이용하여 동물을 잡았다. 이처럼 감정의 부메랑이란 어떤 감정이 발산되면 상대방으로부터 비슷한 감정이 되돌아오는 것을 뜻한다. "가는 말이 고와야 오는 말도 곱다. 가는 떡이 커야 오는 떡도 크다. 가는 방망이 오는 홍두깨." 모두 감정의 부메랑 법칙을 설명해 주는 속담이다.

어둡고 부정적인 감정일수록 감정 부메랑의 법칙이 잘 맞아떨어진다. 상대방을 칭찬했을 때보다 상대방을 비난할 때, 부메랑이 성능을 잘 발휘한다.

부모가 노여운 상태로 자녀를 교훈하고 훈계하면, 그 좋은 가르침은 자녀에게 전달되지 않고 노여운 감정만 전달된다. 부모는 최선을 다해 양육했지만, 자녀가 살다가 힘들어지면 부모를 탓하는 이유가 묵은 감정의 부메랑 효과 때문이다. 간혹 어떤 자녀는 부모로부터 받은 불편한 감정을 부모에게 되돌려주는데, 무섭고 두려운 반격이며 복수이다.

이웃(가족, 동료, 성도 등)과 좋은 관계를 맺고 싶다면 (이성에 앞서) 먼저 자기 안에 따뜻하고 행복한 감정을 유지해야 한다. "남에게 대접을 받고자 하는 대로 너희도 남을 대접하라."(마 7:12)는 황금률을 생각해 보라.

나눔과 활동 5

행복한 **가정 세우기**

비가 오지 않고 항상 햇볕이 내리쬐면 사막이 되고, 햇볕 없이 연신 비가 내리면 늪이 될 것이다. 태풍이 싫다고 미풍까지 없다면 어떻게 식물의 수분이 이뤄지겠으며, 추위가 싫다고 따뜻한 온도가 지속된다면 창조 세계의 다양성과 아름다움이 어찌 유지되겠는가? 온 세상이 광야가 되고 말 것이다.

마찬가지로 인생의 희로애락(喜怒哀樂, 기쁨과 노여움과 슬픔과 즐거움)이 함께하지 않으면 우리 삶은 오래지 않아 광야가 되고 말 것이다. 기쁨이 기쁨다워지려면 슬픔이 있어야 한다는 사실은 우리가 이미 '하나님 나라의 정서'(Emotion)에서 배웠다.

괴로움 후에 평안 있고, 슬퍼한 후에 기쁨 있고
멀어진 후에 가까우며, 고독함 후에 친구 있네 (찬송가 487장 3절)

인도자는 이 교재로 대화의 시간을 가질 때, 가족 모임이 항상 화창한 봄날이 될 줄로 생각지 않아야 한다. 예기치 않은 일로 의견이 분분하고 언성도 높아지며 "이런 모임을 다시는 하지 않겠다."라고 큰소리가 있을 수 있다. 가족 가운데 누군가는 약속된 시간을 지키지 않아 모임이 다음 주로 미뤄질 수도 있다. 가족 간에도 별의별 감정의 충돌이 생기는데 하물며 교회와 사회의 현장은 어떠하겠는가? 고백하지만 필자는 가정 예배를 드리면서 아들과 얼마나 많은 의견 충돌을 했는지 알 수 없다.

우리는 본 단원에서, 자신이 속한 가정(교회, 기타 공동체)이 행복이 가득한 하나님의 나라가 되도록 '상황 파악하기', '생각 알아차리기', '감정 다스리기'를 배우게 될 것이다.

Ⅰ. 상황 파악하기

✛ 소통의 목표

1. 상황을 파악하는 힘을 길러 행복한 가정(교회)을 세우도록 돕는다.

1. 상황에 따른 얼굴 표정을 읽어야 감정을 이해할 수 있습니다.

    1) 혐오   2) 놀람

얼굴 표정은 그 사람이 처한 상황과 그에 따른 생각과 감정을 반영하고 있다. 따라서 누군가의 표정을 읽어내려면 먼저 그 사람이 처한 상황을 파악하고, 이어 그의 생각을 알아차려야 한다. 사람의 표정 읽기가 쉽지 않은 것은 동일한 감정에 대해 사람마다 다른 표정을 짓고, 또 한 사람이 같은 상황에서 의도적으로 다양한 표정을 짓기 때문이다.

이와 같은 이유로, 겉모습과 표정으로 누군가를 판단하고 평가하려 들면 적잖은 오해를 불러일으키게 된다. 그러므로 함께 사는 가족이라도 서로를 이해하려면 서로가 처한 **상황을 파악**하려는 노력이 필요하다.

2. 상황을 파악해야 생각을 읽고 감정을 이해할 수 있습니다.

상황을 파악하지 못하면, 눈에 보이는 입만 보고(삼상 1:12) 감춰진 마음(생각)을 읽지 못했던(삼상 1:10) 엘리 제사장처럼 되기 쉽다.

    1) 베드로가 처한 **상황**을 이야기합니다.

예수님은 겟세마네 동산에서 대제사장의 집 뜰로 끌려갔다. 멀찍이 예수님을 뒤따른 베드로는 대제사장의 집 뜰에 들어간 후, 하인들과 함께 앉았다(마 26:58). 예수님에게 일어날 결말을 보기 위해서이다.

대제사장과 온 공회는 공회 앞마당에서 예수님에게 폭력을 행사하며(마 26:67) 심문했다. 베드로가 대제사장의 집 바깥뜰에 앉아 폭력을 당하신 예수님을 생각하며 전율하고 있을 때, 대제사장 가야바 집안에서 일하던 여종들이 베드로에게 심문하듯 물었다.

베드로가 처한 상황을 모르면, 그가 대제사장의 집 바깥뜰에서 어떤 생각을 했을지 그리고 예수님을 세 번이나 부인했던 그의 감정을 이해하기 어려울 것이다.

2) 베드로는 어떤 **생각**을 하고 있었을까요?

생각과 감정은 그 사람이 처한 상황을 반영하고 있다. 베드로가 비겁해 보일지 모르지만, 누구라도 베드로와 같은 상황에 놓인다면 본능적으로 살아야겠다는 생각이 들어 '저주하며 맹세하면서'(마 26:74)까지 예수님을 부인할 것이다.

3) 베드로의 **감정**을 이해해 봅니다.

베드로가 처한 상황을 파악하고 그의 생각을 알아차릴 때, 그제야 베드로의 감정을 이해하고 나아가 베드로라는 한 인간이 이해되지 않을까 싶다. 우리 그리스도인은 가족, 교회의 성도 그리고 이웃을 대할 때 다음 세 가지를 살펴야 한다.

"그가 처한 **상황**, 그의 **생각**과 **감정**"

우리는 베드로의 이야기에서 멈추지 말고, 말 못 할 힘든 상황에 놓여있는 가족과 지역교회의 성도, 이웃은 없는지 주변을 돌아볼 일이다.

Ⅱ. 생각 알아차리기

✚ 소통의 목표

1. 생각을 알아차리는 힘을 길러 행복한 가정(교회)을 세우도록 돕는다.

모든 사람은 겉으로 드러나는 '겉 감정'과 안으로 숨겨진 '숨은 감정'을 간직한 채 살아간다. 두 가지 감정의 편차가 크면 정신건강에 해가 되겠지만, 많은 사람이 목적을 달성하거나 안전에 도움이 되기 때문에 이중 감정을 가지고 살아간다.

그런데 우리 그리스도인이 건강한 가정(교회, 직장 등) 공동체 생활을 하려면 이중 감정을 일으키는 '겉 생각'과 '숨은 생각'까지 살필 수 있어야 한다. 나아가 자기 생각과 감정까지도 상대에게 진솔하게 **말할 용기도** 필요하다.

- **겉 생각** : 의식적인 명시적 사고
- **숨은 생각** : 무의식적인 암묵적 사고, 의도적으로 감추려는 사고

> ✔ A씨가 직장 상사에게 제안했는데, 상사는 A씨의 제안을 비판했다.
>
> - 겉 감정 : 상사에게 **미소** 지으며 "좋은 피드백 감사합니다."라고 말함
>   겉 생각 : "상사에게 긍정적 태도를 보여야 해. 그래야 진급이 되겠지."
> - 숨은 감정 : "내 아이디어를 이해하지 못하니 **좌절**이야."
>   숨은 생각 : "인정받기는커녕 나는 거의 무시 당하고 있어."

1. 헤롯의 겉으로 드러난 생각과 숨은 생각은 다음과 같습니다.

1) 겉 생각 : 그리스도가 난 곳(마 2:4)과 때(7절)를 궁금해하며, 경배하려 함(8절)

    (겉 감정 : 그리스도의 탄생을 기뻐하며 놀라워함)

2) 숨은 생각 : (때를 보아) 그리스도를 죽이려 함(마 2:16절 참고)

2. 영적으로 건강한 성도라면 자기감정에 솔직해질 필요가 있습니다.

1) 또봉이의 겉 감정과 숨은 감정을 설명합니다.

'겉 감정'은 화, 짜증, 신경질 등

'숨은 감정'은 죄송함, 미안함, 죄책감 등

우리는 가장 친하고 소중한 사람에게 편하고 부담이 없다는 이유로 말을 함부로 하거나 신경질을 부리기도 한다. 특히 자녀들은 부모로부터 많은 것을 거저 받기 때문에 더 많은 이해와 기대를 바라며 미숙한 감정으로 부모를 대하기도 한다.

그러나 부모와 자녀, 형제와 자매, 선배와 후배, 친구와 친척 등, 소중하고 귀한 사람일수록 자신의 감정을 진술하게 전달할 필요가 있다. 불안하면 불안하다고, 화가 나면 화가 난다고, 우울하면 우울하다고 자신의 속마음을 상대에게 전달할 필요가 있다.

마음이 건강한 어머니는 자녀가 "쾅 ~ !"하고 문닫는 것에 민감하게 반응하지 않을 것이다. "아들이 열심히 공부했는데도 시험이 시원치 않았구나."라고 아들의 속마음을 꿰뚫어 보아야 한다. 사실 이런 어머니가 복음의 능력을 발휘하는 모습이다.

아들의 감정이 어느 정도 풀어졌을 때, "아들아 ~ 이번 시험 어려웠나 보다."라고 말할 수 있다면, 그 어머니는 상대방의 속 감정을 이해할 뿐만 아니라 자신의 감정도 조절 관리할 수 있는 훌륭한 그리스도인임이 분명하다. 그리스도인의 경건 훈련이 허공을 치는 것과(고전 9:26) 같지 않았으면 한다.

2) 또봉이는 어떤 식으로 자기감정에 솔직해질 수 있을까요?

또봉이는 애쓴 만큼 점수가 나오지 않자 자신에게 실망하거나 화가 났을 것이다. 또 방에 들어가서는 자신을 도왔던 어머니에게 무례했다는 생각으로 미안하고 죄송하여 혼자 훌쩍일 수도 있다. 얼토당토아니한 자기 언행으로 죄책감도 있을 것이다.

또봉이는 감정을 삭인 후, 알맞은 시간과 장소에서, 자신의 감정을 어머니께 말씀드린다. 이렇게 하는 것이 실제적 경건 훈련이며, 그리스도가 주인 되시는 행복한 가정의 모습이다.

> **✔ 그림 설명**　"엄마, 학교 시험도 곧 있고 개인적으로 할 일이 많은데, 다음에 심부름 가면 좋겠어요. 엄마의 심부름을 거절하기도 힘드니, 내 맘이 힘들어요."라는 식으로 상황과 감정을 엄마에게 솔직하게 전달하면 좋겠다.
>
> 　우리는 부탁하는 사람 앞에서 거절하지 못하고, 뒤돌아서서 그 사람을 원망하는 경우가 적잖다. 이런 일이 반복되면 거절하지 못하는 자신을 향해 분노가 일어나고 심하면 우울한 증세가 생겨나기도 한다. 정신분석학자 플로이드는 우울함은 자기 내면을 향한 화(분노)라고 했다.
>
> 　겉으로 드러낸 감정과 마음속의 진짜 감정이 통합되지 못하면 정서불안 장애를 겪거나 대인 관계에 어려움을 겪을 수 있다. 그러므로 부담스러운 부탁을 받을 때, 자기 생각과 감정을 상대방에게 전달하고 거절할 수 있어야 한다.
> 　쉽지 않겠지만, 가정에서부터 시작해 보자.

3. 가족이 서로 "요즘 무슨 생각을 하며 사는지 . . ."라고 묻고 답합니다.

　누구도 가족들의 '생각(감정)'을 잘 묻지 않는다. "요즘 무엇하며 사십니까?"라고 안부를 물을 뿐이다. '생각'을 물으면 속사람을 만지는 효과가 있다. 필자가 아내로부터 이런 질문을 받을 때면, 성령님께서 내 마음을 만지는듯하다.

　우리는 보통 어떤 문제를 해결하고자 이런 질문을 하지만, 일과 상관없이 "요즘 무슨 생각을 하며 사는지요?"라고 물어보라. 상대방이 대답하지 않을지라도 마음의 장벽을 무너뜨리는 효과가 있다. 행복한 공동체를 만들기에 아주 좋은 질문이다.

Ⅲ. 감정 다스리기

✚ 소통의 목표

1. 감정을 다스리는 힘을 길러 행복한 가정(교회)을 세우도록 돕는다.

감정은 뒤죽박죽이고 알쏭달쏭한 면이 있다. 이런 이유로 감정은 이성에 비해 열등한 감각이나 반응 정도로 평가 절하되기도 한다. 하지만 사람이 감정의 뒷받침 없이 이성과 의지만으로 움직인다면 그는 알고리즘에 의해 움직이는 기계와 같을 것이다. 그리스도인도 예외는 아니어서, 균형 잡힌 감정의 뒷받침이 있어야 (가정, 교회) 공동체와 사회의 일원으로 성공적이고 행복하게 살아갈 수 있다.

우리는 지금, 자신이 속한 가정(교회, 기타 공동체)이 행복이 가득한 하나님의 나라가 되도록 '상황 파악하기', '생각 알아차리기'에 이어 '감정 다스리기'를 배우는 중이다.

1. 감정을 다스리지 못하면 불필요한 고집을 부리게 됩니다.

1) 필요한 고집과 불필요한 고집을 구분할 수 있습니까?

■ **필요한 고집**

① 선한 목적을 달성하기 위한 고집: 예를 들어, 가난한 가정의 학생이 부모의 반대에도 불구하고 꿈을 이루기 위해 대학을 가거나 유학을 준비하는 경우

② 정의로운 고집: 예를 들어, 부당한 일에 항의하거나, 사회적 약자를 보호하기 위한 고집

■ **불필요한 고집**

① 이기적인 고집: 자기 이익만을 추구하는 고집

② 감정을 다스리지 못하거나, 자존감이 낮은 고집: 예를 들어, 자기 생각이 틀렸음에도 이를 인정하지 않고 계속해서 주장하는 경우

③ 잘못된 신념: 예를 들어, 어떤 부모가 자녀 교육에 "체벌이 반드시 필요하다."는 잘못된 신념을 가지고 있다면, 이 부모는 자녀가 실수할 때마다 분노를 억제하지 못하고 체벌을 통해 잘못을 바로잡으려 할 것이다.

2) 불필요한 고집을 부려 손해 본 경험을 이야기합니다.

필자의 가정 이야기를 해야겠다.

식후 드러눕기, 옷을 방바닥에 던져 놓기, 밤늦게 게임하기, 늦은 밤에 커피 마시기, 거실의 소파에 드러눕기, 방에 불을 켜놓고 외출하기 등등. 필자는 아들의 잘못된 습관을 고치려고 애를 썼다.

그런데 아들이 변하기보다는 아빠와 관계만 어색해졌다. 감정이 다스려지지 않은 채 고집스럽게 아들의 허물을 꼭 집어서 드러냈으니, 부자 관계가 서먹해지는 게 당연했다. 필자는 SH 쉐마교육을 준비하면서 감정의 영향력을 알게 되었고, 감정을 다스린 후에 아들에게 온유한 마음으로 권유하니 아들의 행동이 하나씩 고쳐지기 시작했다.

2. 불필요한 고집을 부리면, 개인이든 공동체든 위기를 겪습니다.

1) 완악(완강)

하나님은 바로에게 "내 백성을 보내라"(출 5:1, 7:16, 8:1, 20, 9:1, 13, 10:3)고 수차례 말씀

하셨다. 그런데 바로는 애굽의 가축이 죽고(출 9:6), 사람과 짐승에게 악성 종기가 생기며 (출 9:9) 장자가 죽은 후에(출 12:29), 마지못해 이스라엘 백성을 광야로 보냈다. 이미 신 하들이 바로에게 "왕은 아직도 애굽이 망한 줄을 알지 못하시나이까"(출 10:7)라고 기탄 없이 말했지만, 그는 마음이 완악하여 고집스럽게 이스라엘 백성을 보내지 않았다.

2) 마음이 완악(완강)하다는 뜻은 다음과 같습니다.

굳, 굽, 고집

마음이 굳었다(hardened, 행 19:9)는 것은 돌처럼 딱딱한 '굳은 마음'(the stony heart, 겔 36:26)을 뜻하며, 굽었다는 것은 마음이 삐딱하게(perverse) 비뚤어졌다는 뜻이다. 결국 완 악함(완고함, 완강함)은 '들을 귀'(막 4:9, 눅 8:8)를 막아 결과적으로 자기 의견을 바꾸거나 고치려 하지 않는 고집으로 나타난다.

성경에서 완악함은 하나님과 하나님의 뜻을 받아들이지 않을 때 쓰는 말로, 바로가 이 스라엘 백성을 보내지 않은 몇 가지의 숨은 동기를 살펴야 한다. 첫째로, 바로는 노예와 같은 히브리인들의 노동력을 착취하여 국고성을 건축하려 했으니 이스라엘 백성을 놓아 줄 수 없었다. 둘째로, 바로는 이스라엘 자손을 해방하려는 하찮은 히브리인의 지도자 모 세의 권위에 반발했다. 마지막으로 하나님이 애굽 나라에 연이어 재앙을 내리자, 애굽에 서 신처럼 군림했던 바로는 분한 감정을 다스리지 못하고 더욱 고집을 부렸다.

3. 감정을 잘 다스려 고집을 부리지 않으려면 . . .

1) 듣는
2) 겸손

3) 부드러운 마음(겔 36:26), (악한 감정을) 절제하는 힘(갈 5:23), 용서하는 마음(골 3:13), 범사에 하나님을 인정하는 믿음(잠 3:6) 등이 필요하겠다.

다윗은 사울에게 쫓겨 다니면서 여러 번 목숨에 위협을 받았지만, 그는 가슴에 맺힌 복수심 같은 감정으로 사울을 대하지 않았다. 다윗은 자신을 죽이려는 사울을 가리켜 오히려 '여호와의 기름 부음을 받은 자'(삼상 24:6, 10)라며 존중했다. 이는 다윗이 하나님을 전심으로 믿어 자신의 감정을 조절 관리할 수 있었기에 가능한 일이었다.

감정의 조절 관리가 필요한 사람이 단지 다윗뿐이겠는가?
예를 들어, 어떤 목회자는 성도로부터 무고한 모함을 받기도 한다. 회사의 팀장 역시 프로젝트를 진행하다 보면 합의된 계획을 이탈하는 팀원을 만나기도 한다. 가정에서는 생각 없이 부모의 말씀을 거스르는 철없는 자식들도 있지 않은가? 어느 경우든 이유는 있기 마련이므로, 지도자(목회자, 부모 등)라면 온유하고 겸손한 마음으로 상대방의 의견을 귀담아들은 후, 협력을 구해야 할 것이다. 특별히 그리스도인은 배타적 권위 의식을 내려놓고 마음의 귀를 열어 불신자의 의견이라도 경청하고 공감할 수 있어야 한다.

topic **6** 불안 (믿음의 결핍)

불안은 하나님에 대한 믿음을 접으라는
소리 없는 아우성이다.
야생마에 재갈 물리듯
불안을 제어할 수는 없을까?

"예수께서 . . . 이렇게 말씀하셨다. 빵이 없다고 걱정(불안)들
을 하다니, 너희는 그렇게도 믿음이 약하냐?" (마 18:6, 공동)

Jesus asked, "You of little faith, why are you talking among
yourselves about having no bread?"

나눔과 활동 1

건강한 자기감정

✚ 소통의 목표

1. 불안한 감정도 꼭 필요한 감정임을 깨닫게 한다.
2. 자기 자신에 대해 느끼는 '자기감정'이 긍정적인 그리스도인이 되게 한다.

1991년 소련이 무너지자, 사람들은 세상을 낙관하기 시작했다. 그런데 우리가 살아가는 21세기는 전쟁, 환경 파괴, 소득 불안, 불확실한 노후, 일자리 부족 등으로 이전 시대보다 미래가 더욱 불확실해졌다. 이처럼 불확실성이 커질수록 사람들은 더욱 불안해한다.

초조, 걱정, 근심, 염려, 고민 등은 불안(不安)과 결을 같이 한다. 불안은 우리가 어떤 상황을 통제할 수 없거나 앞날을 예측하지 못해 무엇인가 잃을 수 있다는 조마조마한 마음 상태를 반영하고 있다. 이와 같은 불안한 감정은 아담이 하나님과의 언약을 지키지 못하여 찾아온 두려움(창 3:10)에 근원적 뿌리를 두고 있다. 결국 불안은 하나님의 약속을 신뢰하지 못하는 **믿음의 결핍**에서 찾아온다.

그런데 믿음 좋은 그리스도인이라도 수많은 걱정과 염려로 인해 불안한 감정에서 완전히 자유로울 수 없다. 살다 보면 억울한 일도 실패도 맛보고, 병들어 아프고 사고도 당하며, 황당한 재산상의 손해를 보며, 사랑하는 사람과 이별도 경험하기 때문이다. 그러므로 그리스도인은 사는 동안 마주할 수밖에 없는 불안을 어떻게 믿음으로 돌파할 것인지에 초점을 맞추어야 한다.

그리스도인이 불안을 극복하려면 언제 어디서라도 '믿음의 창시자요 완성자이신'(히 12:2) 예수님과 동행해야 한다. 그런 사람은 인생의 가뭄 중에도 어둡고 부정적인 감정에 매몰되지 않고 (자기 자신에 대해 스스로 느끼는) **'자기감정'**이 긍정적이고 건강하다.

✔ '샬럿 스콧-윌슨' 감독은 'Hold On'에서 오케스트라의 수석 첼리스트 키라 (Kyra)가 불안과 두려움을 겪고 극복하는 과정을 그려내고 있다.

1. 당신은 주로 어떤 경우에 불안을 느낍니까?

1) 선생님이 수업 시간에 무작위로 지명하여 질문하려 할 때
2) 스마트폰 게임을 하고 있는데, 엄마가 노크 없이 방에 들어올 때
3) 소그룹 모임에서, 목사님이 기도시키려고 주변을 돌아볼 때

(주일 설교를 준비하지 못했는데 토요일 결혼식장에 있을 때, 은퇴 후에 경제적으로 궁핍하게 살아가는 모습을 상상할 때, 등등 / 인도자는 가족이 자신들의 불안한 감정을 스스럼없이 말할 수 있도록 인도해야 한다.)

불안은 자신을 보호하려는 우리 몸의 기능이다. 만약 칼 든 강도가 눈앞에 있는데, 불안을 느끼지 못한다면 생명이 위태로울 수 있다. 또 어린 자녀가 배고파 징징거리는데 불안하지 않다면 부모가 자녀의 양식을 구하려고 애쓰지 않을 수 있다. 또 어떤 사람은 먼 미래의 불확실한 일로 미리 불안해한다. 이 역시 자신을 보호하려는 자연스러운 본능이다.

불안은 언뜻 보아 부정적 감정으로 보이지만, 다른 한편으론 우리에게 살아갈 이유를 제공하기 때문에 긍정적 감정이기도 하다. 그래서 필자는 이 교재에서 '불안, 화, 우울' 등과 같은 감정을 가리켜 '부정적 감정'이라 하지 않고 '어두운 감정'으로 설명하고 있다.
그런데 '불안, 화, 우울' 등과 같은 우울한 감정에 긍정적인 면이 있을지라도, 그것들이 조절 관리 되지 않으면 우리 삶을 침체로 빠뜨리거나 예기치 못한 사고나 질병이 될 수 있다.

2. 불안을 느끼지 못하면 어떤 일이 벌어질지 상상해 봅니다.

1) 강도가 들끓은 어두운 골목길을 어떤 경계도 하지 않고 다닐 것이다.
2) 중요한 시험을 앞두고 긴장하지 않고 공부도 하지 않을 것이다.
3) 동물원 철장을 뛰어넘어 사자 굴 안으로 들어갈 것이다.

불안하면 미리 대비하듯, 우리가 불안을 효과적으로 다루기만 한다면 불안해하지 않는 것보다 불안해하는 것이 오히려 우리 삶에 긍정적인 결과를 가져다준다. 예를 들어, 적당하게 불안을 느끼면 감각이 예민해져, 집중하여 시험 준비를 할 것이다. 이처럼 우리가 불안을 회피하거나 누르기보다 조절하고 관리한다면, 오히려 불안이 우리 삶을 더욱 건강하게 할 것이다. 이런 이유로 불안은 '어두운 감정'이지만 '가치 중립적 감정'이다.

불안한 감정은 사람은 물론 동물에게도 생존에 중요한 역할을 한다. 가령 쥐의 뇌에서 불안을 느끼게 하는 편도체를 제거하면, 그 쥐는 뱀이나 고양이를 봐도 전혀 불안과 공포를 느끼지 못하여 적자생존의 세계에서 생존하기 어렵다.

이제는 그리스도인에게 불안이 오히려 유익한 이유를 생각해 보자.

첫째, 하나님께 더 가까이 나아가는 계기가 된다.

예를 들어 힘든 일을 만나면 불안하지만, "두려워하지 말라."(사 41:10)는 말씀을 붙들고 기도하게 될 것이다.

둘째, 성경 말씀을 되새기는 기회가 된다.

예를 들어 경제적으로 어려우면 불안하지만, "이것들보다 귀하지 아니하냐?"(마 6:26)는 말씀을 위로 삼아 자신이 할 수 있는 일에 집중할 것이다.

셋째, 하나님의 주권을 신뢰하는 그리스도인으로 성숙해진다.

예를 들어 당장은 일이 꼬여 불안하지만, "모든 것이 합력하여 선을 이룬다."(롬 8:28)라는 주의 약속을 믿고 인내하며 때를 기다릴 것이다.

넷째, 불안을 통해 아무 일도 없었던 평범한 일상에 감사하게 된다.

다섯째, 믿음의 형제자매와 대화하여 불안을 해소하는 실질적인 도움을 받는다.

> **어두움 후에 빛이 오며, 바람 분 후에 잔잔하고, 소나기 후에 햇빛 나며**
> **십자가 후에 영광 있고, 죽음 온 후에 영생하니, 이러한 도는 진리로다**
> (21세기 찬송가 487장)

3. 당신은 자기 자신을 평가할 때 어떤 감정을 느낍니까?

필자는 예수님을 영접하면서부터 내 자신을 따뜻하게 바라보고 긍정적으로 인식하게 되었다. 예를 들어 감정의 차원에서 감사, 인식의 차원에서 자존감 같은 것이다. 그리스도인이 가져야 할 건강한 **자기감정**(자기인식)이라 생각한다.

건강하다는 것은 보통 키 크고, 체격도 우람하고, 체력이 좋으며, 아픈 곳이 없는 사람, 즉 '육체적 건강함'(physical fitness)을 가리킨다. 하지만 건강에 지적인 능력과 바른 정신 자세, 굳세 의지까지 포함하는 것이 옳아 보이지 않는가? 특별히 정서적이고 감정적 측면까지를 포함하여 건강을 평가하는 것이 더욱 옳아 보인다. 물론 그리스도인은 예수 그리스도를 닮는 영적인 영역에까지 건강해야 할 것이다.

하나님이 나를 사랑하시고 남들이 나를 인정해 주지만 자기 자신에 대한 평가가 너무 어둡고 부정적이라면, 모든 좋은 것들이 자신에게 어떤 유익이 되겠는가? 하나님이 예수님 안에서 나를 바라보듯, 나 역시 그와 같이 자기 자신을 바라보아야 한다.

나눔과 활동 2
불안 인식

✚ 소통의 목표

1. 자신은 물론 타인의 감정을 인식할 힘을 기른다.
2. 모든 감정을 조절 관리하는 첫 단추가 '감정 인식'이라는 사실을 분명히 한다.

대한민국의 청소년 자살률은 노인 자살률과 함께 세계에서 정점을 찍고 있다. 아직 사회생활을 경험하지 못한 청소년들을 이른 나이에 불안하게 하는 환경적 요인들은 부모와의 애착 결여, 부부 간의 불화와 갈등, 부모로부터의 학대, 바쁜 경제활동으로 실종된 가족 대화, 학교에서 집단 따돌림, 학업 스트레스 등을 들 수 있다.

이런 비극을 막으려면 학교(교회, 사회 등) 교육도 중요하지만, 무엇보다 가정에서 부모의 역할이 중요하다. 자녀를 둔 크리스천 부모는 누가복음 15장에서 배울 게 많다. 가출한 탕자는 바깥세상에서 자신의 가련함, 우매함, 외로움, 멸시, 비천함 등 . . . 밀려오는 어두운 감정들을 외면하지 않고 직시했다. 그제야 그는 따뜻하고 풍성한 아버지의 집을 돌아보게 되었다. 말하자면 상황을 판단할 생각할 힘이 생겨난 것이다. 결국 탕자가 어릴 적에 맛보았던 가족에 대한 푸근한 기억이 그를 집으로 돌아가게 했다.

탕자가 현실을 직시하고 자신의 감정을 인식하자, 그동안 감정이 주도했던 "(상황) ➜ 감정 ➜ 행동 ➜ 생각"의 회로가 생각이 주도하는 "(상황) ➜ 생각 ➜ 감정 ➜ 행동"의 회로로 바뀌게 되었다.

1. 예수님께서 "내 마음이 괴로워 죽을 지경이다."(막 14:34)라고 하셨습니다. 예수님의 불안은 . . . 어느 정도에 해당합니까?

감정을 인식하는 시간이다. 예수님께서 얼마나 힘드셨으면 괴로워 죽을 지경이라고 하셨을까? 예수님이 겪은 고통과 불안함의 강도는 '1 - 7' 중에서 5 정도였을까? 서로 의견을 나눠보자.

연약한 우리의 사정을 알아주시는(히 4:15) 예수님은 사람의 몸을 입고 이 땅에 오셨다. 그런 까닭에 예수님은 겟세마네 동산에서 기도하실 때, 군인들에게 끌려가실 때, 머리에 가시관이 씌워질 때, 갈대로 머리를 맞을 때, 얼굴에 침 뱉음을 받을 때, 갖가지 희롱을 받을 때, 십자가에 못 박히려 끌려가실 때, 예수님은 불안함을 지나쳐 얼마나 두려워하셨을까? 예수님이시니까 불안해하지도 두려워하지도 않았을 것이라는 생각은 그리스도인의 영적 성장을 가로막는 장애물일 수 있다.

2. 불안하면 몸에 어떤 증상이 나타납니까? (첼리스트 영상 참고)

사람마다 다르지만, 당신이 다음과 같은 몸의 변화를 읽을 수 있다면 불안한 감정을 인식하는 데 도움이 된다. "심장 두근거림, 몸 부위(손, 다리)의 떨림, 발한, 안절부절, 몸이 굳음, 머리 회전이 막힘, 불면, 몸에 힘이 빠짐, 허리 통증, 손톱 물어뜯기, 설사(변비), 빈뇨, 두통, 복통, 배고픔, 답답함, 호흡 곤란, 얼굴 홍조, 오한, 얼굴 차가워짐, 신경 곤두섬, 주의산만, 눈물이 나려 함, 말더듬, 가슴 답답함, 호흡 곤란, 소화불량, 어지러움 등등"

필자가 고등학교를 졸업한 날에 어머니가 세상을 떠나자, 이후로는 어떤 경우에도 슬픔을 드러내지 않으려고 감정을 억제하며 살았다. 그래서인지 친구들로부터 포커페이스(poker face)라는 별명을 얻었는데, 감정을 참고 사느라 장기 기능이 많이 약해졌다.

사람이 불안해할 수 있지만, 감정을 조절 관리하지 못하여 감정의 포로가 되지 않도록 주의해야 한다. 필자는 SH 쉐마교육을 준비하면서부터 불안 등 어두운 감정이 일어나면 표정을 지어가며 입으로 감사를 고백하거나 암송한 찬송을 부르거나 성령의 복식호흡을 실천하게 되었다.

■ **첼리스트가 불안을 느낄 때, 신체에 어떤 변화가 있었나요?**

영상에서, 첼리스트는 손 떨림과 **기억**상의 문제로 연주를 멈추고 만다.

✔ 동영상 3 : **'첼리스트'** (Charlotte Scott-Wilson의 short film, 'HOLD ON' 인용)

불안을 느끼지 못해도 문제이지만, 지나치게 불안을 느껴도 문제이다.

사람이 위험한 일을 겪는 등 불안해지면, 뇌가 스트레스를 받아 교감신경이 자극되고 이어 부신에서 '아드레날린'(adrenaline, 호르몬)이 분비된다. 그러면 혈압은 높아지고 근육의 혈관이 확장되어 많은 에너지가 소모된다. 운동이나 격투하는 데는 도움이 되겠지만, 뇌에 공급되는 에너지가 저하됨으로써 기억에 중요한 역할을 담당하는 해마의 기능이 급격히 저하된다. 결국 내가 잘 알고 있는 내용이 **기억**나지 않고 판단도 흐려진다.

3. 감정인식이 감정을 조절 관리하는 첫 단추임을 재갈과 관련지어 설명합니다.

야생마라도 입에 재갈을 물리면 말을 전후좌우로 움직이게 할 수 있는 것처럼, "아 ~ , 내가 지금 불안하구나. 내가 지금 화내고 있구나." 이런 식으로 감정을 인식하는 순간, 그 감정은 힘을 잃고 일단 제자리에 머물러 있게 된다.

우리에게 불안한 감정이 생겨난 이유는 무엇 때문인가? 우리가 맞닥뜨린 상황에 대해 어떤 생각을 하기 때문이다. 그런데 그 생각은 좀처럼 자신의 정체를 드러내지 않고 숨어서 감정을 조정한다. 그러므로 우리가 말에 재갈을 물리듯 감정을 바르게 인식하는 순간 (그 감정을 조정하는) 생각의 정체가 드러나고, 우리는 그제야 생각을 바꾸어 감정을 조절 관리할 수 있게 된다.

나눔과 활동 3
숨은 생각

✚ 소통의 목표

1. '생각 ➜ 감정 ➜ 행동'의 사이클을 이해하고 설명할 수 있게 한다.
2. 감정을 일으키는 '숨은 생각'을 읽어내는 힘을 기른다.

출애굽 한 이스라엘 자손은 메마른 광야 생활이 길어지면서 불안한 나머지 모세와 아론, 심지어 하나님께도 원망을 쏟아냈다. 그들이 원망했던 가장 큰 이유는 당장 먹을 양식과 마실 물이 부족했기 때문이었다.

사람은 누구나 일용할 양식이 없고 내일을 예측할 수 없으면 불안해지기 마련이다. 그러나 이스라엘 자손에게 정말 부족했던 것은 그들을 약속의 땅으로 인도하겠다는 하나님의 약속을 믿는 믿음이었다. 만약 그들이 하나님의 약속을 온전히 믿었다면 불평과 원망 대신 신뢰와 감사로 광야 생활을 했을 것이다. 결국 광야에서 불안에 압도되어 원망을 일삼던 그들은 "감정(출발) ➜ 행동 ➜ 생각"의 사이클에 매여있었다.

1. 이스라엘이 원망했던 광야의 상황은 크게 둘로 요약됩니다.

1) 양식(먹을 것) / (출 16:1-3, 민 21:5 참고)
2) 물 / (출 15:24, 17:1-4, 민 21:5 참고)

2. 광야 생활을 하던 이스라엘 자손의 '숨은 생각'은 무엇입니까?

주려, 목말라

원망이라는 드러난 감정에는 반드시 (그런 감정이 있게 된) 숨은 생각이 있게 마련이다. 이스라엘 자손은 종살이에서 자신들을 구원하신 하나님의 은혜를 잊고, "이러다가 주려 죽겠다. 목말라 죽겠다."라는 육신의 생각에 사로잡혀(롬 8:6) 원망을 일삼다 광야에서 죽음을 맞이했다. 마귀는 죽음을 무서워하여 본능적 생각에 사로잡힌 이스라엘 자손이 광야에서 헤매다 죽게 만들었다(히 2:16).

3. 어떻게 원망하는 감정을 이겨낼 수 있겠습니까?

생각

이스라엘 백성이 처한 열악한 환경은 그들의 힘으로 바꿀 수 없었다. 바꿀 수 있는 것이라곤 그들의 생각뿐이다. 그런데 그들은 하나님의 생각을 건너뛰어 원망을 일삼았다. 그들이 생각한 것이라곤 이래저래 죽겠다는 어두운 생각뿐이었다. 이런 생각은 자신도 모르게 순식간에 지나가기 때문에 **숨은 생각**이라고 한다.

그들은 자신들을 가나안으로 인도하여 그곳에서 번성하며 행복하게 살게끔 약속하신 (신 6:3) **하나님의 생각**을 받아들여 불안과 원망에서 벗어나야 했다.

✔ 매일 쏟아지는 뉴스 중에서 어둡고 부정적인 내용이 우리 두뇌에 잘 기억되는 것은 본능적인 생존 욕구와 관련이 있다.

사람의 두뇌 가운데 '변연계'(limbic system)는 우리를 더욱 감정과 본능에 충실하게 만든다. 한편 외부의 스트레스에 맞서기 위해 우리 몸에서 생성되는 코르티솔(Cortisol)과 아드레날린(Adrenaline) 같은 호르몬도 우리를 더욱 본능적인 감정에 매달리게 한다. 그러므로 이스라엘 자손의 경우, 그들은 하나님의 생각이 담긴 하나님의 언약을 믿음으로써 그들을 얽어맨 불평과 원망에서 벗어나야 했다.

〈 불안장애 자가 진단 〉

순번	문 항	0	1	2	3
1	가끔 몸이 저리고 쑤시며, 감각이 마비된 느낌을 받는다.				
2	흥분된 느낌을 받는다.				
3	가끔 다리가 떨린다.				
4	편안하게 쉴 수가 없다.				
5	나쁜 일이 일어날 것 같은 두려움을 느낀다.				
6	어지러움을 느낀다.				
7	가끔 심장이 두근거리고 빨리 뛴다.				
8	침착하지 못하다.				
9	자주 겁을 먹고 무서움을 느낀다.				
10	신경이 과민해 있다.				
11	가끔 숨이 막히고 질식할 것 같다.				
12	손이 자주 떨린다.				
13	안절부절 한다.				
14	미칠 것 같은 두려움을 느낀다.				
15	가끔 숨쉬기 곤란할 때가 있다.				
16	죽을 것 같은 두려움을 느낀다.				
17	불안한 상태에 있다.				
18	소화가 잘 안되고 뱃속이 불편하다.				
19	가끔 기절할 것 같다.				
20	자주 얼굴이 붉어진다.				
21	덥지도 않은데 땀을 많이 흘린다.				
합계					

■ 전혀 아니다: 0점

　조금 그렇다, 별로 문제가 되지 않는다. : 1점

　상당히 그렇다. 하지만 견딜 수 있다. : 2점

　심하게 그렇다. 그래서 견디기 힘들다. : 3점

6. 불안(믿음 결핍)

정신과 의사 '벡'(Aaron Temkin Beck, 1921-2021, 미)이 고안한 '불안장애 자가 진단표'(Beck Anxiety Inventory: BAI)로, 대상은 17세 이상 청소년과 성인의 불안 정도를 측정하는 데 사용된다.

- 0 - 7 : Minimal, 미약
- 8-15 : Mild, 약함
- 16-25 : Moderate, 보통
- 26-63 : Severe, 심각

✔ 불안장애가 있으면 사소하거나 혹 닥치지 않은 일에 대해 미리 걱정하고 두려워한다. 그래서 매사가 우유부단해지며 최악의 상황을 상상하면서 많은 근심과 불안 가운데 살아간다. 이런 사람은 긴장하고 짜증을 내며 스트레스가 가중되어 질병에 노출되어 살아간다.

나눔과 활동 4
불안 이해

✚ 소통의 목표

1. 감정 뒤에 숨은 '숨은 생각'을 찾아내는 힘을 기른다.
2. 생각하는 힘을 길러 일상의 모든 결정이 감정에 휘둘리지 않게 한다.

"감정 ➜ 행동 ➜ 생각"의 회로에서는 감정의 저변에 '숨은 생각'이 있다. 이런 경우 생각의 속도가 너무나 빠르고 은밀하여 사람들은 그 숨겨진 생각이 있다는 것조차 인식하지 못한다. 더군다나 같은 상황이 오랫동안 반복되면 은밀하게 감정을 핸들링하고 있는 '숨은 생각'은 마음 깊숙이 숨고 만다. 물론 "생각 ➜ 감정 ➜ 행동"의 경우는 감정을 움직이는 생각이 드러나기 때문에 '숨은 생각'이라 명명하기 어렵다.

출애굽 한 이스라엘 자손은 배고픔과 목마름, 황량한 광야, 적군 등으로 불안하고 두려운 나머지 하나님을 원망했다. 그런데 그들이 직면했던 배고픔, 목마름, 광야, 적군 자체가 어떤 감정을 만들어낸 것은 아니다. 그들에게 찾아온 불안과 두려움은 그들이 보고 듣고 경험한 것들에 대한 어떤 생각을 반영한다. 불안하고 두려운 감정을 일으키는 '숨은 생각'을 찾아내려는 이유이다.

한편 성도를 움직이게 하는 **성령의 감동**은 "감정 ➜ 행동 ➜ 생각" 사이클에서의 '감정'과 달리 그리스도인에게 **생각하는 힘**을 북돋아 준다. 곧 성령의 감동은 성도로 하여금 하나님의 뜻을 헤아리게 한다는(막 1:20, 요 14:26, 행 10:19, 11:16) 점에서 특별하다.

1. 불안한 감정을 이해하려면 숨은 생각을 알아차려야 합니다.

1) 게임만 하는 아들이 장래에 낙오자가 되지 않을까 등등
2) 게임하다 엄마에게 들키지 않을까 등등

2. 시험을 보는 중에 별별 생각이 다 들었다. 숨은 생각은 무엇인가?

1) 틀릴 것이다.
2) 기억하기 어렵다.
3) 최선을 다해 공부했다.
4) 문제가 너무 어렵다.

3. 광야의 이스라엘 자손이 원망에서 벗어나려면 . . .

1) 생각
2) 생각
3) 생각

　　　같은 상황에서도 사람마다 다른 생각을 하고, 다른 감정을 가지며, 다른 행동을 취한다. 말하자면 사람마다 자기만의 '생각 – 감정 - 행동'이라는 순환고리에 충실하게 살아간다. 하지만 우리 그리스도인은 어떤 위급한 상황에 놓일 때, 감정을 앞세우기보다 성령의 감동으로 (위급한 상황에 대처할) 생각하는 힘을 발휘해야 한다. 그래야 "(상황) ➜ 감정 ➜ 행동 ➜ 생각(의지)"과 같은 감정이 주도하는 사이클에 끌려다니지 않는다.

나눔과 활동 5
행복한 믿음의 가정

✚ 소통의 목표

1. 아브람의 이야기가 나와 우리 가족의 이야기가 되게 한다.
2. 살면서 겪는 모든 불안을 믿음으로 이겨내도록 경건의 힘을 기른다.

아브람이 고향 메소보다미아에 있을 때, 그는 하나님에게서 가나안 땅과 많은 자손을 약속받았다(행 7:2-3). 그런데 그가 하나님의 약속을 믿어, 고향을 떠나, 하란을 거쳐 (놀랍도록 먼) 약속의 땅에 도착하기까지, 두려워하거나 불안해하지 않았다면 그것은 오히려 억측일 것이다. 아브람이 어떤 불안함도 없이 미지의 땅으로 단숨에 달려간 믿음의 사람이었다면, 우리가 그의 이야기를 돌이켜볼 가치가 있겠는가?

요즘도 그런 사람이 있지만, 아브람 당시의 사람들은 앞날이 불안하면 점쟁이나 무당에게 장래에 있을 길흉을 물었다(출 22:18, 신 18:10, 14). 그런데 아브람은 하나님의 약속에 따른 삶의 **목적**과 해야 할 **목표가 분명**했기에 불확실한 미래 대한 불안을 이겨냈다.

우리는 직면한 일에 대해 크고 작은 불안을 느끼며 살아 가는데, 그 내용을 살펴보면 '거의 일어나지 않는 일, 이미 지나간 일, 일어나도 문제없는 일, 어쩔 수 없는 일'이 절대적이다. 불과 4%만이 '내가 해결할 일'이라고 한다. 이는 사람들이 부질없는 일로 불안을 안고 산다는 뜻이다. 우리는 본 단원에서 실제적 사례를 통하여 **믿음으로** 불안을 이겨내는 경건의 힘을 기르고자 한다.

I. 하나님의 분부를 듣고 오히려 불안했던 아브람

1. 하나님께서 아브람에게 분부하신 내용과 약속은 무엇입니까?

1) 분 부 : (고향과 친척과 아버지의 집을) **떠나** (내가 네게 보여줄 땅으로) **가라.**
2) 약 속 : 큰 민족을 이룸, 창대한 이름, (만민에게) 복이 됨

2. 아브람이 하나님의 분부를 받아들일 때, 어떤 마음이었을까요?

불안(혹 두려움, 염려 등), 믿음

아브람 당시의 사람은 가족과 씨족에 속해 있어야 생존에 유리했다. 그런데 하나님께 서는 아브람더러 그동안 안전을 보장해 주었던 가족 씨족 공동체에서 **떠나** 아무런 보호 울타리도 없는 이방 땅으로 **가게** 했다. 오로지 하나님의 보호하심만 의지하도록 한 것이 다. 아브람이 하나님의 분부를 받아들일 때, 그가 얼마나 불안했을지 생각해 보라.

대한민국 사회는 법적으로 만 19세가 성인이다. 성인이 되었다고 부모를 떠나 독립한 자녀들이 얼마나 있는지 주변을 살펴보라. 그런데 보육원에서 자란 아이들은 고등학교를 졸업하는 (민법으로) 만 19세가 되면 그곳을 떠나 혼자 힘으로 살아가야 한다. 그들의 고 등학교 3학년 생활이 얼마나 불안한지 생각해 보라.

Ⅱ. 하나님의 약속을 **믿음**으로 만민에게 복이 된 아브람

믿음이란 어떤 불리한 상황에서도 하나님의 언약에 충실하여 삶의 **목적**과 그 성 취를 위한 **목표가 분명**할 때 사용하는 말이다. 달리 말해 믿음이란 불안보다 크신 하나 님과 그분의 약속을 믿음으로써 불안(두려움)에서 벗어난 마음을 뜻한다.

1. 순종하는 실천

- 떠나서, 들어

아브람에게 불안한 마음이 없을 수는 없었겠지만, 하나님의 약속을 믿었기에 순종함으로 본토 친척 아버지의 집을 **떠나서** 가나안 땅에 **들어**갔다.

아브람은 하늘의 뭇별처럼 많은 자손이 있으리라는 하나님의 약속을 믿었다. 이처럼 장차 될 일을 마음으로 그려보고 하나님의 생각을 수용하는 것이 믿음이다. 또 하나님의 약속을 믿어 순종하며 실천하는 것 역시 믿음이다.

그러니까 내가 할 수 없는 것들을 붙들고 불안해하기보다 '내가 (스스로) 해결할 수 있는 일'은 하고, 그 나머지는 하나님께 맡기는 것이야말로 우리 그리스도인의 실천적인 믿음이다. 아브람이 가나안으로 가는 도중에 만날 산도적을 미리 걱정하고, 가나안에 정착 후에 먹고 살 걱정을 앞서 했다면 믿음의 선한 역사가 이루어졌겠는가?

　　1) 당신의 걱정거리를 ⑪, ⑫에 씁니다.

　　　⑪ 노변 주차를 하고 심방 갔는데, 그동안 교통단속이 나올까 불안
　　　⑫ 주인집 아저씨로부터 집을 수리하겠다는 말을 들을 때
　　　　(집주인은 전세를 올려달라거나 전세를 월세로 바꿀 때 '이런 말'을 한다.)

　　2) 열두 가지 사례들을 아래의 표에 분류합니다.

　　심리학자 '어니 젤린스키'(Ernie J. Zelinski, 미)는 우리가 걱정하는 것들의 96%는 우매한 걱정거리라고 한다. 12가지 중에 유일하게 걱정해야 할 일이 있다면 '내가 해결할 일'이다. 우리는 이처럼 불필요한 불안을 끌어안고 살아간다.

거의 일어나지 않는 일	이미 지나간 일	일어나도 문제없는 일	어쩔 수 없는 일	내가 해결할 일
2, 7, 9	1, 3	5	8	4, 6, 10

✔ 정답은 없으며, 위와 같은 분류는 필자의 주관이다.

3) '내가 해결할 일'은 구체적으로 어떻게 해결할지 설명합니다.

④ 입이 굳지 않도록 가수 '소향'(Sohyang)처럼 죽어라 연습한다.

⑥ 얼굴 뼈 성장이 멈춘 후에 성형한다.

⑩ 회개하고, 다음부터는 양심에 거리끼는 일은 하지 않도록 결심한다.

2. 불안 쉐어링 sharing

■ 사례

아브람과 사래 부부에게 어울리는 말이 있다. "좋은 일은 나누면 기쁨이 배가 되고, 조마조마한 마음을 나누면 불안은 반이 된다."

아브람이 '여러 민족의 아버지'(창 17:4-5) 아브라함이 되고 사래가 '여러 민족의 어머니'(창 17:15-16) 사라가 되기까지는 서로의 도움이 필요했다.

누구든지 어려운 고비를 만나면 하나님 앞에 단독자로 설 뿐만 아니라, '도움이 될 사람(가족)'에게 상황을 이야기하고 도움을 요청해야 한다. 아브람은 불안할 때면 제단을 쌓았을 뿐만 아니라, 아내 사래와 상황을 공유했을 것이다.

그리스도인은 하나님께 불안함을 호소해야겠지만, 때로는 가족은 물론 지역교회의 교우와도 불안한 상황을 상의함으로써 무거운 짐을 서로 나누어져야 한다.

불안의 대상과 정도는 남녀와 연령대별로 차이가 있다. 특별히 나이별로 불안한 이유가 비슷한데, 이를 '정상 불안'이라 한다. 예를 들어 고등학생이면 대입으로 고민하고, 군을 제대할 때면 취직으로 고민하고, 그 후로는 결혼으로 고민한다. 그러니까 정상 불안은 성장통이다.

정상 불안의 경우, 비슷한 상황에 놓여있는 또래 집단을 만나면 문제 해소에 도움이 된다. 예를 들어 자녀 양육으로 불안하면 비슷한 상황에 놓여있는 부모끼리 만나고, 장래가 불안한 청소년은 또래 집단끼리 만나면 문제 해소에 도움이 된다.

✔ **나이에 따른 정상 불안**

만 2세 이하 : 소음, 낯가림, 부모와의 헤어짐, 동물, 머리감기 등
만 3-6세 : 괴물, 어둠, 소음, 혼자 자기, 주삿바늘 등
만 7-16세 : 현실적 두려움(수능, 국가고시, 면접 등을 앞두고)

(EBS 부모, Parents; '불안하고 겁 많은 아이를 위한 놀이'에서)

1) 그들은 무엇으로 불안해합니까?

① 장난감   ② 외모   ③ 건강

2) 나는 무엇으로 불안해하는지 마음 깊은 곳에서 끄집어냅니다.

① 오랫동안 SH 쉐마교육을 준비했는데, 교회에 유익이 되지 못하면 . . .
② 모아둔 돈은 없는데, 은퇴 후에 아내의 건강에 이상이 생기면 . . .

필자는 SH 쉐마교육을 위해 많은 시간과 정열은 물론 생활에 과부하가 걸리는 돈을 투자했다. 성령의 감동으로 시작되었지만 준비하고 진행되는 과정에 포기하고 싶을 때가 종종 있었다. 일일이 말해 무엇하랴만, 뼈가 녹는 인내 중에도 이 모든 것이 '무위로 돌아가면 어떡하지'라는 생각이 들 때면 마음이 불안하다 못해 고통스러웠다. 그때마다 아내와 동역자들의 격려, 성도들의 중보기도는 하던 일을 계속하게 했다.

필자의 아들은 부모가 집도 없고 모아둔 돈도 없다면서 아주 불안해했다. 부모님이 노후에 머무를 집도 사야 하고, 요양병원에 보낼 돈도 모아야 하고 . . . 결혼도 해야 하고 . . . 아들은 이런 서글픈 불안함을 숨기지 않는다. 친구의 부모는 자식에게 집도 사주고 ×××도 상속한다는데, 자기는 부모까지 책임을 져야 하는가 싶어서 서글펐던 것 같다.

필자는 "아들아, 너는 너 자신만 걱정해라, 엄마 아빠는 앞으로 살아갈 준비가 다 되었다."라고 아무리 말해도 아들은 아빠의 말을 믿으려 하지 않는다. 생각하면 할수록 아들은 (상황에 의해 강요된) 효자이다.

3) 가족과 실제로 '불안 쉐어링'을 한 후, 기도로 마칩니다.

성도들은 목회자에게 자주 중보기도를 요청한다. 그런데 성도들의 가정에서, 부모와 자녀 사이에 중보기도가 얼마나 있을까?

부모와 자녀가 서로의 고민 걱정거리를 밝히는 것만으로도 문제 해결에 많은 도움이 된다. 불안 쉐어링으로, 자녀는 부모를 이해하고 존중하며, 부모는 자녀를 더욱 사랑하는 계기가 될 것이다.

믿음이 부모로부터 자녀에게 이르지 못하는 이유 가운데 하나는 부모가 자녀에게 일방적 요구를 하기 때문이다. 특히 부모가 자녀들이 겪는 현실의 문제를 절대적 신앙 앞에 하찮은 것으로 치부할 때, 대화의 단절은 물론 신앙의 흐름까지 끊기게 된다. 탕자가 '집으로(교회로)' 돌아올 수 있도록 평상시에 너그러운 부모가 되어야 한다.

3. 성령의 복식호흡   (교재 p.138, **'성령의 복식호흡'** 참고)

부활하신 예수님이 저녁 무렵에, 두려움에 떠는 제자들에게 나타나셔서 그들에게 평강을 물으시고 숨을 내쉬며 "성령을 받으라."(요 20:22) 말씀하셨다. 이를 성경적 근거로 삼은 호흡법이 '성령의 복식호흡'이다.

■ 제단

아브람이 제단을 쌓듯 '성령의 복식호흡'으로 '성령의 전'(a temple of the Holy Spirit, 고전 6:19)인 자기 온몸(whole body)을 성경적으로 관리하는 법을 소개하려 한다.

신체의 건강을 위해서는 규칙적으로 잘 먹고 잘 자며, 땀 흘려 운동해야 한다. 어떤 성도의 가정은 육체의 건강을 위해 다음과 같은 실천을 한다고 들었다. 20초 이상 음식 씹기, 식사 후 눕지 않기, 바르게 앉고 바르게 걷기 등이다. 단순하고 특이한 가족 건강법이란 생각이 들었지만, 알고 보면 매우 실제적이고 과학적이다.

정신 건강을 위해서는 독서, (음악, 미술 등) 취미 생활, 친구 만나기, 여행 등을 하면 좋겠다. **영혼의 건강**을 위한 활동으로는 주일 예배 출석, 성경 읽기, 기도와 찬송하기, 교회 공동체의 모임에 참여하기, 가정 예배드리기 등을 들 수 있겠다.

그리스도인일지라도 원치 않은 불안과 스트레스로 말미암아 온몸의 건강을 해칠 수 있는데, 성령의 복식호흡은 온몸(whole body/ 신체, 정신, 영혼)의 건강을 유지하고 회복하는 데 말할 수 없이 유용하다.

✔ (성령의 복식호흡) **메커니즘**

■ **스트레칭** : 간단한 손동작과 몸동작으로 경직된 몸을 풀어주면, 왜곡되고 불필요한 생각과 감정이 신속하게 완화되어 몸과 마음이 편안하게 된다.

■ **복식호흡** : 사람이 일에 쫓기고 불안 등으로 스트레스를 받고 살다 보면, 자신도 모르게 심장이나 맥박이 정상치보다 빠르게 뛰고 건강을 해치게 된다. 평정심을 유지하고 빠른 심장 박동을 누그러지게 하는 데, 성령의 복식호흡만큼 좋은 것도 없다.

✔ (성령의 복식호흡) **신학적 개념**

첫째, 그리스도인의 몸은 '성령의 전'(고전 6:19)이다.
둘째, (들숨으로) 부활의 주님이 내쉬는 하나님의 생기를 받아 마신다.
　　　(하나님의 생기 / 창 2:7, 요 20:22, 고전 12:13)

셋째, (호흡을 멈추어) 하나님의 생기가 자기 몸에 머문 것을 느낀다. (겔 37:5, 10)

넷째, (날숨으로) '옛사람의 정서'(불안, 화, 우울 등)를 육체의 성전 밖으로 내보낸다.

다섯째, 성령님께서 성령의 복식호흡을 하는 성도 안에 사랑, 기쁨, 평강, 감사 등의 천국의 정서를 새 창조하신다. (시 51:10, 고후 5:17)

✔ (성령의 복식호흡) **실천**

소리내어 기도하지 않고, '호흡, 이미지, 생각'으로 기도한다. 이때 자신의 **호흡에 집중**하여 그 호흡을 느끼면서 필요한 만큼 반복한다.

1. 스트레칭을 한다.
2. 들숨 때(4초): 저는 지금 부활하신 예수님의 생기를 마십니다.
3. 호흡 멈출 때(7초): (육체의 성전에 머문 하나님의 생기를 느낀다.)
4. 날숨 때(8초): 불안함, 화, 우울과 같은 '옛사람의 정서'가 떠나가게 하옵소서.
   (위 2, 3, 4를 필요한 만큼 반복)

5. 내 안에 의와 사랑, 희락, 평강, 감사 등의 천국 정서를 새 창조하옵소서.
   예수님의 이름으로 기도합니다.

4. 믿음의 선포

■ 불렀

아브람은 불안하면 제단을 쌓는 가운데(창 12:7-8, 13:4, 18) 잠잠히 때로는 소리내어 여호와의 이름을 불렀으며(창 12:8), 하나님의 약속을 외치며 기도했을 것이다.

우리 역시 아브람처럼 우리를 불안과 두려움으로 몰아넣는 '이 어둠의 세상 주관자들'

(엡 6:12)을 예수님의 이름으로 경고할 수 있어야 한다. 다음 이사야서의 말씀에서 '너 (네)'의 자리에 자신의 이름을 넣어 큰 소리로 외쳐보자.

"두려워하지 말라 내가 **너**와 함께 함이라 . . . 나는 **네** 하나님이 됨이라 내가 **너**를 굳세게 하리라 . . . 나의 의로운 오른손으로 **너**를 붙들리라." (사 41:10)

■ 다음 고민거리에 대해 상황에 맞게 믿음으로 선포합니다.

① "망상은 떠나가라! 나는 노력하면 성적이 반드시 오르는 걸 믿는다."
② "입을 만드신 이가 하나님이신데, 나 ×××는 최선을 다해 준비하겠다."
③ "헛된 생각은 떠나가라! 하나님, 제게 지혜로운 마음을 주셔서 어떻게 부모님 을 화해케 할 것인지 가르쳐주세요. 예수님의 이름으로 기도합니다. 아멘"
④ 말도 안 되는 소리 마라! 이 몸은 하나님의 성전이다. 잘 관리하여 행복하게 살겠다. 아멘!
⑤ 생략
⑥ 실제로 10번씩 소리내어 외친다.

5. 장래의 소망을 그려봄

■ 뭇별(the stars)

아브람이 믿음의 조상이라 불리는 것은 그가 하나님의 약속을 믿었기 때문이 다. 구체적으로 아브람은 '큰 민족, 땅, 복의 통로' 등 세 가지가 장래에 성취될 것을 믿 었고 '하늘에 있는 더 나은 본향을 사모'(히 11:16) 했기에, 그는 불확실한 미래로 말미암 은 불안을 극복할 수 있었다.

아브람은 하나님께서 약속하신 어느 것도 응답받지 못한 채 약속의 땅에서 십여 년을 보냈다. 그러던 어느날 하나님이 밤중에 아브람에게 찾아오셔서 '두려워하지 말라'(창 15:1) 하시고서, 그를 장막 밖으로 불러내시고 하늘을 우러러 뭇별을 보게 하셨다. 하나님께서는 아브람의 불안을 외면하지 않으셨다.

아브람은 밤하늘에 반짝이는 뭇별을 보고 탄성을 질렀다. "하나님, 별이 바닷가의 모래처럼 너무나도 많아요 ~ ." 하나님은 아브람의 탄성에 맞장구치셨다. "아브람아, 장래 네 자손의 모습이다. 그리고 그 많은 사람이 살아가려면 땅 크기도 엄청나지 않겠니?" 아브람은 장래의 불안과 두려움이 엄습할 때마다 그날 밤에 있었던 하나님과의 만남(창 15:5)을 기억했을 것이다.

■ 나는 앞으로 이렇게 살면 (후회 없이) 보람될 줄 믿습니다.

정답 인생은 없다. 가족 앞에서 '직업, 하고 싶은 일, 목표, 비전'이란 단어를 동원하여 후회 없는 장래의 자기 모습을 설명해 보자.

필자는 적잖은 고등학생들을 상담하면서 그들에게 '가치, 의미, 보람'이라는 개념조차 없었던 것에 무척 마음 아팠다. 많은 학생이 돈이 많으면 성공과 행복이 보장되리라 믿었다. 이런 믿음은 그들이 가정과 사회로부터 끊임없이 배워 몸에 밴 신앙과 같았다.

필자의 어머니는 중학생이었던 나에게 물으셨다. "아들아, 사람이 왜 사니? 무얼 위해서 사는지 아니?" 충격적인 질문이었다. 아들에게 교훈하기 위해서라기보다 어머니 자신의 고달픈 삶에 대한 탄식이었는지 모르겠다. 어쨌든 "왜, 사니?"라는 질문은 후회 없이 살고 싶은 모두에게 유효하다. 그리스도께서 나를 부르신 이유를 발견하고 이를 실현하는 데 인생의 보람(가치, 의미)을 찾는 사람은 어떤 상황에서도 불안할 이유가 없다.

화가 없을 수는 없지만
해 질 때까지 화를 풀라고 했다.
행복한 가정, 건강한 교회가 되려면
화가 조절 관리되어야 하지 않을까?

"분을 내어도 죄를 짓지 말며 해가 지도록 분을 품지 말고, 마귀에게 틈을 주지 말라." (엡 4:26-27)

"In your anger do not sin: Do not let the sun go down while you are still angry, and do not give the devil a foothold."

나눔과 활동 1
화나게 하는 것들

✚ 소통의 목표

1. 우리를 화나게 하는 것들에는 무엇이 있는지 공감하는 시간을 갖는다.
2. 우리는 어떤 경우에 화가 나는지, 가족 서로를 이해하는 시간을 갖는다.

화(火)란 몹시 못마땅하거나 언짢아서 일어나는 분노(憤怒)나 성냄을 뜻한다. 화, 분노, 성냄은 거의 동의어로 사용되는데, 개인의 삶과 공동체를 거칠고 무정하게 만든다.

화는 대체로 다음 두 가지 경우에 일어난다. 첫째로, 자기 생각이나 욕구가 위협을 받아 이해 충돌이 일어나는 경우이다. 둘째로, 부당한 대우와 사회적 불공정과 부조리에 대해 정당하지 않다고 생각되어 의분(義憤)을 품는 경우이다.

화가 조절 관리되기만 하면, 화를 가리켜 불필요한 부정적 감정이라 단정짓기 어렵다. 예를 들어, 어떤 상황에서 화내지 않으면 함부로 취급받을 수 있으며, 불의에 분노하지 않으면 우리 사회에 악이 뿌리를 내릴 것이며, 자신의 무지와 나쁜 습관을 미워하지 않으면 스스로 악습에 빠져들기 때문이다. 성전에서 장사꾼들을 내쫓으신 예수님의 성전 정화 사건 역시 하나님 나라를 방해하는 세력에 대한 우리 주님의 거룩한 분노이다.

불안이 믿음의 결핍으로 말미암은 어두운 감정이라면(창 3:10), 화는 사랑의 결핍으로 말미암은 또 다른 어두운 감정이다. 예를 들어, 가인은 하나님이 자기 제물을 받지 않자 몹시 분하여(화/ angry;NIV, wroth;KJV) 안색이 변했으며(창 4;5, 새번역), 이어 아벨을 향해 화를 냈다. 가인이 화낸 것은 그가 하나님을 떠남으로써 동생 아벨에 대한 사랑이 결핍되었기 때문이다.

믿음이 결핍되면 불안하듯이 **사랑이 결핍되면** 용서하지 못하고 **화를 낸다**. 그러다가 화가 마음에 점점 쌓이면 우울한 감정으로(제8과) 진행된다.

1. 동영상을 보면서, 어떤 생각이 들었는지 의견을 나눕니다.

화와 관련짓지 않더라도 동영상을 보며 무엇을 느꼈는지, 어떤 생각이 들었는지, 서로 자유롭게 대화하는 시간이다. 다음은 SH 쉐마교육을 실천하는 어떤 가족의 생각을 예로 들었다.

✔ 동영상 4 : **'우리를 화나게 하는 것들'**

1. "이것도 모정?", 연합뉴스
2. "독도는 일본땅" 외치는 日 유치원생들, SBS
3. "대낮에 비명이 난무했어요" '지옥'으로 변한 횡단보도, MBC
4. "이스라엘 – 하마스 전쟁"을 찾아보라.
5. "우리가 무심코 쓴 플라스틱이 모여 아주 큰 나라", 엠빅뉴스
6. "여기가 미국이라고요?", SBS

1) 어른도 어린아이처럼 화를 참지 못한다.
   어른들의 화는 매우 폭력적이다.
   내 자녀가 귀한 것처럼 남의 자녀도 귀하다.
   자녀에게 트라우마를 남긴 그들의 부모에게 화가 난다.

2) 국민(혹 사회)과 같은 집단적 차원의 화를 공분(公憤)이라 한다.
   국가 간에 화나면 전쟁이 일어날 것이다.
   일본의 주장에 정면으로 반박하지 못하는 한국 정부에게 화가 난다.
   우리 영토를 자기 땅이라 우기니, 일본 정부에 몹시 화가 난다.

3) 음주 운전의 위험을 알면서도 운전하는 것을 보니 습관이란 무섭다.
   큰 형벌을 무릅쓰고 뺑소니칠 정도로 술은 판단력을 마비시킨다.
   술을 함께 마신 친구들도 음주 운전자와 함께 공범이다.
   교통사고 당한 유족의 고통을 생각하니 음주 운전자에게 화가 난다.

4) 국적에 따라 화나는 이유가 다르다.

화(분노)는 또 다른 화를 낳는다.

어린이 같은 사회적 약자에게 희생을 강요하는 지도자에게 화난다.

목적을 위해서라면 살인도 서슴지 않는 전범자에게 분노가 치민다.

5) 쓰레기를 버린 나라와 쓰레기로 피해를 보는 나라가 다르다.

눈앞에 보이지 않는 해양오염은 심각성이 과소평가 되고 있다.

해양오염으로 바다 생물이 피해를 보고, 그 피해는 사람에게 돌아온다.

하나님 보시기에 심히 아름다운 세상이 망가져 화가 난다.

6) 미국의 옛 수도 필라델피아가 이런 처참한 상황인 줄 상상도 못 했다.

이웃을 저 지경이 되도록 방치한 사회에 분노가 치민다.

마약 중독된 사람들도 한때 가족이 있었을 것이다.

망가진 사람들을 보시고 하나님의 마음이 얼마나 아프실까?

2. 1~6에서 가장 화난 동영상은 100℃에 . . . 그 이유를 설명합니다.

같은 상황이라도 사람마다 화나는 정도가 다르겠지만, 필자는 '1 – 6'의 모든 상황에 대해 70℃ 이상의 화가 난다.

하나님이 지으신 세상은 하나님 보시기에 심히 좋았다(창 1:31). 좋았다는 것은 조화롭고 아름다울 뿐만 아니라 도덕적으로도 선했다는 뜻이다. 그런데 세상에는 서로의 욕구를 무한대로 채우고, 자신의 이해득실을 고집하며, 이웃을 부당하게 대우할 뿐만 아니라, 하나님의 뜻을 저버리는 불의한 일들로 가득하다. 그래서 세상 속의 그리스도인들 역시 화로부터 자유로울 수 없다. 그러므로 경건한 그리스도인이라면 화가 쌓여 슬퍼지고, 슬픔이 지속되어 우울해지지 않도록 화난 감정을 매일 정화해야 한다.

3. 당신은 최근에 무슨 일로 화를 냈는지 가족과 함께 이야기합니다.

우리 그리스도인은 눈앞의 사태가 '공의, 정의, 진리, 하나님 나라'의 가치에 부합한 것인지를 두고 예수님처럼 화를 내기도 한다. 반면에 지극히 사소한 일로 가정(교회, 직장 등)에서 분별없이 화를 내고 시간이 지나면 잊고 살아간다.

필자는 - 교회의 승합차 앞을 가로막는 전화번호 없는 승용차, 시도 때도 없이 교회의 입간판 앞에 쓰레기를 쌓아두는 주민들, 일이 안 풀리면 엄마에게 신경질 내는 아들, 주차 단속으로 인한 과태료 등등 - 지극히 사소한 일로 화내며 살아간다. 그런데 그리스도인이라면 복음적 가치관에서 엇나간 세태를 직시하며 화낼 줄도 알아야 한다.

당신은 악하게 변해가는 다음과 같은 현 세태를 바라보고 화가 납니까?

첫째, 결혼과 가정에 대해 / 이혼과 동거를 대수롭지 않게 여김으로써 다음 세대가 안정된 가정 환경에서 성장할 기회를 잃고 있다.

둘째, 생명에 대해 / 낙태, 자살, 노인 혐오 등 생명의 존엄성이 위협받고 있다.

셋째, 가치관에 대해 / 황금만능주의와 이기주의가 만연하고, 하나님의 말씀이 상대화되어 참과 거짓의 경계가 사라지고 있다.

넷째, 대중문화에 대해 / 폭력과 복수가 미화되고 외설적 콘텐츠가 대중문화에 깊이 스며들어 자연스럽게 소비되고 있다.

나눔과 활동 2
화, 상황과 이유

✚ 소통의 목표

1. 누구라도 화를 낼 때는 이에 상응하는 상황과 이유가 있음을 알게 한다.
2. 불필요한 화를 내고 있지 않은지 자신을 돌아보는 힘을 기르게 한다.

우리는 문화, 사상, 이념, 신앙, 가치관 등의 차이로 갈등을 겪고 화내고 분개하는 듯하지만, 알고 보면 지나치게 개인적이고 사소한 문제로 화내면서도 화내는지도 모르고 살아간다. 본질적 얘기이지만 화는 상대방을 품는 사랑의 결핍에서 온다. 어쨌든 우리가 일상생활에서 쉽게 마주치는 화는 나이, 성별, 학식, 빈부, 계층에 차별을 두지 않고 모든 사람에게 일어나는 아주 자연스러운 감정이다.

천천히 일어나고 오랫동안 지속되는 불안한 감정과는 달리, 화라는 감정은 생각할 틈도 주지 않고 급하게 일어나기 때문에 상대에게 폐를 끼치고 조절 관리하기가 쉽지 않다. 이미 언급했듯이, 모든 어두운 감정을 조절하고 관리하는 첫걸음은 **감정인식**이며, 그다음은 감정을 조절 관리하기 위해 **상황을 파악**하고 **생각을 알아차려야** 한다.

1. 다음 사건 당시의 상황과 분노(화)하게 된 이유를 이야기합니다.

1) '로자 파크스' 사건에 크게 분노한 '마틴 루터 킹' 목사

그리스도인이 주류를 이룬 미국 사회이지만, 백인은 흑인을 같은 시민사회의 일원으로 받아들이고 있는지 지금도 의문이다. '로자 파크스' 사건이 있었던 1955년 당시 미국의 교회에는 하나님의 화목하게 하는 사랑이 전혀 작동되지 않았다. 흑인만 다니는 교회가 있었고 백인만 출석하는 교회가 있었으니 말이다. 당시 미국의 교회는 예수님께

서 열어놓으신 새로운 세계를 거부했고 옛 질서에 안주했다. 그들에게는 조건 없이 상대를 품는 하나님의 사랑이 결핍되어 있었다.

1955년 12월 1일(목), 미 '앨라배마 주'의 '몽고메리 페어' 백화점에서 일을 마친 '로자 파크스'(Rosa Parks, 1913-2005)는 퇴근길에 버스를 탔다. - 중략(인터넷에 찾아보라) -

그녀는 후일 이렇게 회상했다. "사람들은 내가 피곤해서 자리를 비켜주지 않았다고 생각하지만, 나는 몸이 피곤했던 게 아니라 매번 포기하고 굴복하는 데 지쳤다."

그녀가 백인들의 부당한 강요에 분노하지 않고 비어있는 버스 좌석에 앉는 권리를 포기했다면 어땠을까?

✔ 동영상 5 : **'로자 파크스 사건'** ("조용한 자부심", EBS 지식채널 ⓔ)

2) 더럽혀진 예루살렘 성전에 분노하신 예수님

성전은 (만민의) '기도하는 집'(사 56:7, 눅 19:46)이며 '내 아버지의 집'(요 2:16)인데, 이스라엘의 영적 지도자인 대제사장은 성전에 온갖 장사꾼을 들여 경제적 이득을 얻기에 급급하기를 마치 노략질하는 강도처럼 행했다.

예수님 당시의 종교 지도자들은 성전 제사에 참여할 수 없었던 맹인과 저는 자들에 대해 무관심하였고(마 21:14) 성전 바깥뜰의 일부를 대여한 대가로 상인들로부터 일정 수입을 얻는 데 관심을 가졌다. 예수님이 거룩한 화(분노)를 내지 않을 수 있었겠는가?

갈릴리와 같이 먼 곳에서 예루살렘에 온 순례자들은 (양과 같은 산 제물을 이끌고 이동하기 어려워서) 흠이 없는 산 제물이 필요했고, 또 성전세로 바쳐야 할 은으로 주조한 동전도 필요했다. 성전 지도자들이 장사꾼들을 동원하여 순례자들에게 편의를 제공하는 것처럼 보이지만, 그들의 저의는 경제적 이득을 통하여 로마에 정치적 로비를 함으로써 종교 권력을 유지하려는 데 있었다. 만민이 기도하는 집으로, 이 땅에서 가장 거룩해야 할 곳이 가장 타락한 곳이 되었으니, 예수님이 어찌 분노하지 않을 수 있었겠는가? 가장 아름다운 것이 타락하면 가장 추한 법이다.

우리 시대의 그리스도인은 시대에 순응한다는 이유로 불의를 묵인하기보다는 상황을 바르게 분별하여 때를 따라 '거룩한 분노'(holy rage)를 일으킬 수 있어야 한다.

> ✔ 예수님은 십자가에서, '하나님 – 인간'(롬 5:10), 적대적 관계에 있었던 '유대인 – 이방인'(엡 2:14-15), '남자 – 여자'(갈 3:28), '죄인 – 의인', '거룩함 – 속됨', '우리 (we) – 그들(them)' 사이에 경계를 허물고 화해의 길을 열어놓으셨다.
>
> 그러므로 예수님의 아버지가 되시는 여호와 하나님은 그리스도의 십자가를 통해 탄생한 모든 이들의 영적 아버지이시다. 특별히 하나님의 가족으로서의 교회 는 '새 사람'(엡 2:15)이 되어 '둘이 한 몸'(엡 2:16)을 이룬 화목 공동체이다.

2. 당신은 주로 어떤 상황에서 화를 냅니까?

잠이 부족할 때, 시험을 못 봤을 때, 엄마의 잔소리가 지겨울 때, 친구들로부터 무시당할 때, 잘 아는 사람으로부터 사기를 당해 돈을 잃을 때, 도로에서 주차 위반으로 과태료가 나왔을 때, 억울하게 모함받을 때 등, 각자가 화난 상황을 얘기해 보자.

불필요한 화는 없겠지만, 지나치게 **사소한 이유로** 화내지 않는지 생각해 보자. 필자의 경우는 피곤하거나 바쁠 때, 일도 없이 찾아온 손님이 시간을 축내면 나도 모르게 화가 난다. 요즘 같으면 그리스도인들의 불의, 부조리로 몹시 화가 난다.

3. 감정을 다스리지 못하면 불필요한 화를 낼 수 있습니다.

1) 필요한 화와 불필요한 화를 구분할 수 있습니까?

■ **필요한 화** : 부당한 상황이나 불의에 저항하는 경우, 사회적 정의를 실현하기 위한 화는 필요한 화이다. 이런 화는 출애굽의 하나님과 예수 그리스도의 생애에서 찾아볼 수 있다. 또한 자신의 정당한 권리나 기본권이 침해받을 때, 이를 보호하기 위해 화를 내는 것 역시 정당하고 필요한 화이다.

■ **불필요한 화** : 개인적 욕망이나 자존심을 세우기 위해 과민 반응하는 화, 감정을 조절하지 못해 일어나는 화는 상대방에게 상처를 주고 자신에게도 손해를 끼친다.

> ✔ **불필요하게 화내는 이유**
>
> 스트레스나 피로 등으로 감정 조절하는 능력이 저하되어 자신도 모르게 화내는 경우, 사소한 자극에도 습관적으로 화내는 경우, 상대방에 대한 이해심 부족으로 화내는 경우, 자존감이 낮아 과도하게 자기방어를 함으로써 화내는 경우 등

2) 쓸데없이 화를 내서 손해 본 경험을 이야기합니다.

의외로 많은 사람이 어떤 상황에서 화냈는지, 더구나 화냈는지조차 기억하지 못한다. 필자의 아들도 화를 냈으면서도, 조금 시간이 지나면 "화낸 적이 없는데?"라고 한다. 화란 감정은 휘발성이 강한 만큼 쉽게 잊히고, 시간이 지나면 비슷한 상황에서 반복하여 작용한다.

화를 내면 다음과 같이 잃는 것이 많아진다. 가족에게 상처를 주고 직장 동료나 친구와의 신뢰 관계가 깨어진다. 두뇌가 집중력을 잃어 학업이나 생산성이 낮아지고, 근무 성과가 저하되어 경쟁력을 잃는다. 주변 사람에게 부정적인 인상을 주어 사회적 평판이 저하되며, 결과적으로 미래의 자기 삶을 갉아먹는다. 화가 몸에 축적되면 건강을 해치고 여러모로 불행을 자초하게 된다. 무엇보다 그리스도와의 친밀한 사랑의 관계가 손상된다.

나눔과 활동 3
화에 따른 몸의 변화

✚ 소통의 목표

1. 화내거나 욕을 하면, 특히 두뇌에 어떤 변화가 일어나는지 알게 한다.

'화를 내면(욕을 하면)' 마음이 새털처럼 가벼워지고 상황을 자기에게 유리하게 이끌어 갈 것처럼 보이지만 사실은 그와 정반대이다. 오래지 않아 마음은 무거워지고 상황은 자기에게 불리하게 돌아간다. 그런데 화내기(욕하기)를 반복하다 보면 감정 습관이 만들어지고, 이성의 힘으로 감정 습관을 조절하기 힘들어진다. 왜냐하면 급하고 강한 에너지를 가진 감정이 이성을 압도하기 때문이다. 미련한 자의 화(분노)는 돌보다 무겁다(잠 27:3)고 하지 않던가?

한편 습관적으로 화를 내다보면 신경전달물질과 호르몬 분비에 이상이 생겨, 뇌 기능이 저하되고 **화를 잘 내는 뇌**로 변하게 된다. 그뿐만 아니라 화는 신체 여러 기관의 기능을 현저히 떨어뜨리고 평범한 일상생활을 방해하기도 한다.

1. 사람의 뇌와 동물의 뇌는 구조적으로 어떤 차이가 있습니까?

사람의 뇌는 절대적으로 대뇌, 정확히 말해 대뇌피질이 발달하였다.

사람의 뇌는 악어 같은 파충류, 호랑이 같은 포유류의 뇌에 비해 절대적으로 대뇌가 발달하였다. 그래서 사람은 이성적으로 생각하고 논리적으로 판단하며, 직접 경험하지 못한 것들을 미루어 생각하는 등 추상적 사고를 한다. 또한 사람의 뇌는 다른 동물에 비해 크고 복잡하며, 높은 수준의 정보를 처리하도록 대뇌의 피질이 발달하여 사회적 상호작

용, 의사소통, 학습 능력, 자기 인식, 도덕적이고 종교적 사고를 가능하게 한다.

한편 파충류의 뇌 기능은 뇌간(腦幹; 뇌줄기, brain stem)에 집중되었으며, (인간 이외의) 포유류의 뇌는 뇌간의 기초 위에 감정에 관여하는 변연계가 발달하였다.

2. 화를 자주 내면 사람의 두뇌가 어떻게 변화되는지 알고 있습니까?

20세 정도면 뇌가 거의 완성되고 20대 중반이면 뇌의 노화가 시작되는데, 특별히 어린 나이에 곧잘 화를 내어 (**욕**하는 경우도 동일) 두뇌가 스트레스 호르몬에 자주 노출되면 '언어 사용, 의사 결정, 행동 조절' 등의 능력이 저하될 뿐만 아니라 뇌의 구조에도 변화가 생긴다.

■ 뇌의 활성화 패턴 변화

화를 자주 내면 두뇌에서 언어와 운동을 관장하는 부위가 화성화되어 감정적인 반응이 폭발적으로 증가한다.

✔ 동영상 6 : **'화로 인한 뇌의 변화'** ("화나자 붉게 된 뇌, 작은 일에도 폭발?", SBS)

화낼 때 빨간색으로 활성화된 부분은 언어와 운동을 관장하며 감정을 제어하는 변연계(특히 편도체) 영역을 포함한다.

■ 호르몬 분비에 따른 뇌의 변화

화(분노, 스트레스 등)가 나면 콩팥의 부신피질에서 코티졸 호르몬이 과도하게 분비된다. 그 결과, 전두엽 기능이 저하되어 이성적인 판단과 행동 조절이 힘들어진다. 또한 해마의 부피가 줄어들어 단기기억과 학습 능력이 저하되며, 편도체가 과도하게 활성화되어 화(분노, 스트레스)에 더욱 민감하게 반응한다.

■ 화 중독으로 인한 뇌 회로 강화

일반적인 사람은 상황을 판단하려고 생각하지만, 화에 중독되면 상황을 보고 바로 화부터 내고 나중에 화를 합리화하거나 뒷수습하는 "(상황) ➜ 감정 ➜ 행동 ➜ 생각" 뇌 회로가 강화된다.

■ 장기적인 두뇌 손상

두뇌가 화에 빈번히 노출되면, 상황에 맞는 언어 사용 능력이 저하되고, 이성적이고 논리적 의사 결정 능력이 저하되며, 충동적이고 감정에 치우친 행동을 하게 된다.

3. 화를 내면 뇌뿐만 아니라, 신체 기관에 어떤 변화가 일어납니까?

화가 나서 교감신경이 활성화되어 신경이 곤두서면 (곧 스트레스를 받으면), 소화가 되지 않으며, 심장은 빨리 뛰고, 근육은 경직되며, 두뇌는 굳어 판단이 흐려진다. (스트레스는 각종 질병, 희귀병, 암에 어떻게든 영향을 끼친다. 전 5:17 참고)

불안한 경우와 비슷하지만(지침서, p.76 참고), 화로 인한 신체 기관의 증상은 더욱 신속하고 강하게 나타난다.

■ **소화기관** : 소화불량, 복부 통증, 위궤양 등이 유발

■ **호흡기관** : 호흡이 가쁘고 얕아짐으로 각종 호흡기 질환이 증가

■ **신경계** : 자율신경계에 이상이 생겨 교감신경이 활성화되고 평안을 잃음

■ **근골격계** : 근육의 긴장이 심하여 근육 통증과 관절염이 유발

■ **순환계** : 혈압이 상승하고 심장 박동수가 증가하며 고혈압, 각종 심장질환이 유발

나눔과 활동 4
화 풀기

✚ 소통의 목표

1. 불안을 인식하는 것처럼 자신의 화를 인식하는 힘을 기르게 한다.
2. 어떻게 화를 풀어야 하는지 가족 간에 대화의 시간을 갖는다.

그리스도께서 십자가의 피로 이루신 화평(화해, 화목)은 하나님의 사랑을 가장 강력하게 드러낸 증거로, 우리 사이에 있던 막힌 담을 허물었다(엡 2:14, 골 1:20, 요일 4:10). 그 **사랑**은 그리스도인이 타인과의 관계에서 발생하는 **화난 감정**을 해소하게 하는 강력한 힘이다(요일 4:18). 그런데 그리스도인이 십자가의 화평을 삶 속에서 온전히 이루려면 **구체적인 실천**이 필요하다.

우리가 잘 알다시피 불안과 화, 우울한 감정(제8과)이 고삐에 매인 말처럼 조절 관리되려면 그런 감정이 자기 안에 똬리를 틀고 있다는 사실부터 인식해야 한다. 그다음은 조절 관리되어야 할 감정의 종류에 따라 접근 방법이 조금씩 다르다.

그러면 화를 조절, 관리하는 순서가 중요한 이유를 유기견에게 물린 경우에 비유하겠다. "아이고, 종아리 아파 ~! 이런 개 ××, 누가 이따위 개를 풀어 놨어 ~ !" 개에게 물린 사람이 화가 머리끝까지 난 나머지, 개 주인에게 쫓아가 하루 종일 시비를 가렸다 하자. 그런데 만약에 그 개가 광견병에 걸렸다면 어떤 일이 벌어지겠는가?

화가 났을 때 현명하게 대처하는 방법은 마치 유기견에게 물렸을 때 대처하는 방법과 비슷하다. 가령 당신이 불안함을 느낀다면 먼저 상황을 파악하고 숨겨진 생각을 알아차리는 것이 중요하다. 하지만 화가 난 경우는 무엇보다 그 현장에서 벗어나는 것이 우선이다.

1. 당신은 자신이 화내고 있다는 사실을 어떻게 알아차립니까?

자신이 화내고 있다는 사실을 알아차리기란 쉽지만은 않다. 일단 화가 나면 생각, 곧 인지가 마비되기 때문이다. 필자의 경우는 목소리가 커지고 빨라지며, 분별없는 용기가 생겨 나중에 후회할 말을 한다.

우리 그리스도인은 예수님을 닮아가도록 이끄시는 성령님의 세미한 음성에 민감하게 귀 기울여야 한다. 이를 통해 자신이 화난 이유와 그 원인을 깨닫고, 나아가 자신에게 가장 적합한 방식으로 화를 다루는 방법을 찾을 수 있다.

우리는 자신이 화가 났다는 사실을 다음과 같은 변화를 통해 알아차릴 수 있다.

첫째, 신체 반응을 관찰
예를 들어, 심장이 빨리 뛰거나 호흡이 거칠어지고, 근육이 긴장된다.

둘째, 부정적이거나 공격적인 생각
"왜 저 사람이 저렇게 행동하지?" "이건 정말 참을 수 없어!" 이런 부정적인 생각이 반복되면 자신이 화가 났다는 신호이다.

셋째, 말투와 행동의 변화
목소리가 커지거나 빨라지며, 동작이 거칠어진다.

넷째, 상대방의 반응
상대방이 갑자기 나를 조심스러워하거나, 내게 "화났어?"라고 물어보면, 이는 자신이 화났는지 점검하라는 뜻이다.

다섯째, 자신에게 질문하기
"왜, 지금 나는 이런 기분을 느끼지?"와 같은 질문을 자신에게 던진다.

2. 당신은 화가 나면 어떤 방식으로 표현합니까? (말투, 표정, 행동 등)

필자는 화가 나면 주로 무표정하게 입을 다물고 침묵하곤 했다. 그러나 신앙이 성숙해지자 화목하게 하신 예수님을 본받아 소통하며 문제를 해결하려 애쓰게 되었다.

이를 악물거나 주먹을 불끈 쥐고, 부들부들 떨거나 위압적으로 노려보고 고함을 친다고 할지, 힐긋 노려보거나 종이를 찢는 행동, 거친 숨을 내쉬며 씩씩거리는 모습, 가슴을 쥐어짜는 듯한 행동 등은 모두 화를 표현하는 다양한 방식이다.

✔ TV에 나오는 상담 전문가에 대해

TV를 보면 상담 전문가들이 출연자의 잘못된 생활 습관을 효과적으로 교정하는 모습을 종종 볼 수 있다. 이는 목회자가 교회의 성도들을 변화시키는 것보다 내담자들을 더 잘 변화시키는 사례로 다가올 수 있다. 이들의 상담이 성공적인 이유는 상담자와 내담자가 함께 관찰 카메라 영상을 보며 당시 상황을 객관적으로 파악하고 인식을 공유하기 때문이다.

자신의 표정과 태도는 스스로 보기 어렵고, 자신의 말투와 목소리도 제대로 인식하기 어려운 법이다(막 8:18). 이러한 한계를 극복하기 위해 상황을 녹음하거나 관찰 카메라를 활용하면, 각자가 자신의 감정을 명확히 인식하게 되고, 이를 통해 잘못된 '감정 습관'을 고칠 수 있는 계기가 될 수 있다.

3. 당신은 가정에서 화가 나면 어떤 방식으로 풀어냅니까?

인도자가 가족과 진솔하게 대화하는 시간이다. 필자는 과거에 가정에서 화가 나면 예배당을 피난처로 삼아 찾아가곤 했는데, 지금 돌아보면 부끄러운 일이다. 그리스도인에게 진정한 피난처는 예배당이 아니라, 화목하게 하시는 하나님의 사랑이 머문 곳이기 때문이다.

　　필자가 가족의 상처를 보듬게 된 것은 아내의 입원과 아들과 깊은 갈등을 겪은 후였다. 그리고 그리스도인답게 가족을 진심으로 품게 된 것은 모든 것을 폭넓게 이해할 수 있게 된 예순이 지나서이다. 이는 하나님 사랑, 이웃 사랑을 설교하며 살아온 목회자가 숨기고 싶은 자화상이기도 하다.

　　그리스도인이라면 화목제물로 아들을 내어주신(요일 4:10-11) 하나님의 사랑을 본받아 가족, 친구, 동료와 화해해야 하지 않겠는가? 그러나 현실은 이상하리만큼 그렇게 되지 않는 경우가 많다. 구체적인 화해 방법은 다음 페이지의 '행복한 사랑의 가족'에서 다루도록 한다.

　　그림에서처럼 투쟁, 협상, 회피, 재판, 화해 등 다양한 방법으로 화를 풀 수 있지만, 그리스도인은 화목하게 하는 직분을 받았다는 사실을 먼저 기억해야 한다(고후 5:18). 잘못된 '화풀이'(화 풀기)는 다음 세대로 대물림될 수 있다. 부모가 분노를 제대로 삭이지 못하면, 그 부정적 에너지가 자녀의 마음 밭에 켜켜이 쌓여 소리 없이 상속된다. 가정에서 부모로부터 화를 푸는 법을 배운 자녀들은 교회와 사회에서도 화를 잘 풀고 화목하게 하는 역할을 할 것이다.

나눔과 활동 5
행복한 사랑의 가정

✚ 소통의 목표

1. 화날 때, 어떻게 대처할 것인지를 배워 일상에서 적용하게 한다.
2. SH 쉐마 기도를 규칙적으로 실천하게 한다.
3. 바울, 바나바, 마가의 일화를 통하여 화해하는 법을 배운다.

처음 사람 아담이 "선악을 알게 하는 나무의 열매를 먹지 말라."(창 2:17)는 하나님의 분부를 어긴 이후로, 아담에게는 두려운 감정이 생겨났다. 그리고 아담으로부터 두려운 감정을 상속받은 가인은 동생 아벨에게 화(분, 창 4:5-6)를 내는데, 화는 인간이 하나님을 떠난 근원적 두려움에서(창 3:10) 분화된 감정이다.

감정을 조절 관리하지 못했던 가인은 '몹시 분하여 안색이 변하게'(창 4:5-6) 되는데, 마침내 그는 동생 아벨을 쳐 죽인다(창 4:8). 가인이 자기와 같이 '하나님의 형상'으로 태어난 아벨을 살해한 사건은 화를 조절 관리하지 못하여 일어난 극단적인 사례이다.

"사랑 안에 두려움이 없고 '온전한 사랑'(perfect love)이 두려움을 쫓나니"(요일 4:18)

민음의 결핍이 우리를 불안하게 하듯, 사랑의 결핍은 행복해야 할 가정과 교회를 분쟁과 분열로 이끌 수 있다. 그러나 십자가에 자기 아들을 내어주신 하나님의 온전한 사랑은 우리 가정과 지역교회에 불청객처럼 찾아온 화(분노)를 몰아내고 우리 삶을 행복으로 이끌어간다. 우리는 '바울 – 바나바 – 마가'의 관계를 통하여 하나님의 **온전한 사랑**으로 화(분노)를 극복하고 관계를 회복하는 사례를 배우게 될 것이다.

Ⅰ. 화가 나, 말다툼한 예수님의 제자들

1. 인도자는 본문의 내용을 알기 쉽게 설명합니다.

인도자는 성경 본문을 가족과 함께 읽은 후, 알기 쉽게 설명한다. 이후에 가족 중에 한 사람이 본문을 다시 설명하면, 온 가족이 본문을 이해하는 데 도움이 된다.

인도자는 지중해를 나타내는 지도와 왼쪽 그림에 대한 설명을 빠뜨리지 않아야 한다. 어머니처럼 자상한 바나바와 아버지처럼 뜻이 굳센 바울이 마가에 대한 평가로 상대에게 화를 내며 심각하게 말다툼한다. 마가 요한은 은밀한 곳에서 두 사람이 다투는 모습을 보고 심각한 표정을 짓고 있다.

2. 바나바와 바울은 시비를 가리며 심하게 말다툼했습니다.

1) 두 사람은 무엇 때문에 말다툼했습니까?
(이 책에서는 '독일성서공회 해설 성경; 대한성서공회 간, 2004'을 참고하였다.)

마가는 제1차 선교여행 중에 있었을 바울과 바나바의 은밀한 갈등을 못마땅하게 생각했던 것 같다. 두 사람의 갈등을 불편한 마음으로 바라본 마가는 바울이나 바나바와 상의하지 않고 혼자 예루살렘으로 돌아갔다(행 13:13).

훗날 바울이 바나바에게 제2차 선교여행을 제안하자, 바나바는 마가와 동행하려 했다. 그러나 바울은 밤빌리아에서 상의도 하지 않고 혼자 예루살렘으로 돌아간 마가와 함께 복음 전도를 갈 수 없다면서 바나바의 제안을 단호하게 거절했다. 이 일로 인해 바울과 바나바는 심히 다투어 서로 갈라서고 말았다(행 15:36-39).

바울 당시에 이방인이 그리스도를 믿을 때, 그들도 유대인처럼 구약의 수많은 율법을 지켜야만 하는지 적잖은 혼란이 있었다. 그래서 예루살렘 교회는 '사도 훈령'을 공포했는데, 이것은 이방인이 그리스도를 영접하면 유대인의 수많은 율법 가운데 '우상의 제물,

피, 목매어 죽인 것, 음행'(행 15:29)에 관한 율법만 지키면 된다는 내용이다.

바울과 바나바가 제1차 선교여행을 떠날 때는 '사도 훈령'이 제정되지 않았다. 그래서 바나바는 이방인이 그리스도인이 되어도 유대인의 율법을 지켜야 한다고 생각했고, 바울은 유대인의 율법을 더 이상 지키지 않아도 된다고 주장했던 것 같다. 바울은 바나바가 이방인 선교에 대한 이해가 부족하다고 판단했던 것 같다. 마가는 두 사람의 갈등에 마음이 상했던지, 혼자 예루살렘으로 돌아갔던 것이다.

제2차 선교여행을 떠날 때, 바울과 바나바는 마가를 동참시킬 것인지의 문제로 드러내 놓고 서로 심각하게 다퉜다. 제1차 선교여행 때 수면 아래 있었던 바울과 바나바의 갈등이 제2차 선교여행을 앞두고 마가의 문제로 수면 위로 드러났다.

2) 각 사람의 마음을, 감정을 나타내는 단어로 설명합니다.

■ 바나바와 바울 : 바울은 바나바가 이방인 선교에 대한 이해가 부족하다며 **화**를 내고, 바나바는 바울이 율법을 마음대로 해석한다며 **화**를 냈을 것이다. 또한 바울은 바나바가 상의하지 않고 혼자 예루살렘으로 돌아간 마가를 두둔한다며 **화**냈을 것이며, 바나바는 바울이 한때 잘못 판단한 나어린 마가를 품지 않는다며 **화**냈을 것이다.

■ 마가 요한 : (상의하지 않고 예루살렘으로 귀향하여, 자기를 두둔하는 바나바에게) 죄송함, (바울의 과도한 주장 때문에) 화남, (자기를 두고 두 사람이 다투는 것을 보고) 괴로움, (자신을 이해하려고 하지 않은 바울에 대해) 서운함

3) 두 사람이 다툰 이후, 바울과 마가의 관계를 생각해 봅니다.

상상력을 발휘하여 두 사람의 관계를 이야기하면서 가족 간에 대화한다. 정답이나 해답을 내놓는 시간이 아니다.

마가가 밤빌리아에서 혼자 떠났던 때는 A.D. 48-49년 정도이며, 디모데후서는 60년 초에 기록된 바울 서신이다. 그렇다면 바울과 마가 요한 두 사람이 화해하기까지는 적어도 12 - 13년은 걸린 거 같다. 참고로 디모데후서는 바울의 마지막 서신이다.

> ✔ **마가를 생각하며 . . .**
>
> 마가는 바나바의 생질로, 성령이 임하셨던 오순절 예루살렘의 다락방 집 아들이다. 마가의 집은 한때 예수님이 머무셨던 곳으로 초대교회의 산실로 여겨졌다. 이런 배경 덕분에, 마가는 나어린 청년이지만 당시 그리스도인 사이에 바울만큼 알려졌을 것이다.
>
> 바울은 직설적이고 엄한 성격으로 마가에게 아버지 같은 존재였고, 바나바는 자상하고 온유한 성품으로 어머니 같은 존재였을 것이다. 마음이 여린 마가는 자신으로 인해 두 사도가 크게 갈등하는 상황을 힘들게 바라보았을 것이다.

II. 하나님의 **사랑**으로 불편한 관계를 극복한 바울 사도

화(분노, 성, 노)는 자기 생각이나 바람이 위협받을 때 생겨나는 자연스럽고 정상적인 감정이다. '화'라는 감정은 부당한 상황을 반전시키거나 개선하는 데 필요한 열정을 제공하며, 긍정적인 힘으로 작용하기도 한다. 따라서 화를 단순히 숨기거나 회피해야 할 부정적인 감정으로만 보지 말고, 바람직하지 않은 상황을 효과적으로 극복하기 위한 긍정적 에너지로 활용할 필요가 있다.

이처럼 화가 가진 긍정적인 측면에도 불구하고, 화는 일반적으로 정화되어야 할 부정적인 감정으로 여겨진다. 이는 조절 관리되지 않은 화가 인간관계나 상황을 악화시키고 나아가 '하나님의 의'를 이루지 못하게 하기 때문이다(약 1:20).

1. 그 자리를 벗어나기

살다 보면 머리가 뜨거워질 만큼 화나는 일들이 종종 생긴다. 이웃과의 갈등, 부부 싸움, 친구와의 다툼, 상사와의 갈등, 어린아이의 짜증, 과도한 업무 스트레스, 직장에서의 부당한 대우와 무시, 사회의 부정부패 등 다양한 상황이 그 예이다. 이런 순간에 감정을 조절 관리하지 못하여 대놓고 화를 내면 상황을 악화시킬 수 있고, 반대로 화를 속으로 삭이다 보면 화병으로 몸이 상할 수도 있다.

그러면 급작스럽게 화가 났을 때는 어떻게 대처하는 것이 좋겠는가? 가장 쉽고 효과적인 방법을 소개하도록 하겠다. 첫째, 화난 현장에서 5-6초 동안 깊게 호흡한다. 이때 상대방이 오해하지 않도록 조용히 호흡에 집중한다. 이렇게 하면 화난 감정에 일차 브레이크가 걸린다. 둘째, 화난 현장을 벗어난다. 이렇게 하면 2차 브레이크가 걸려 화를 가라앉히는 데 도움을 준다.

1) 주체할 수 없이 화날 때 . . . 먼저 해야 할 일은 무엇이라 생각합니까?

화가 난 현장에서 조용히 심호흡을 하면 화가 가라앉겠지만, 화를 주체할 수 없다면 화를 유발케 한 그 장소를 일단 조용히 빠져나와야 한다.

2) 사람들은 화나면 하던 일을 . . . 바나바는 다툰 이후 어떻게 했습니까?

그들은 '달려갈 길'(행 20:24, 딤후 4:7)이 있었기에, 화가 났어도 해야 할 일을 잊거나 포기하지 않았다.

바나바는 마가와 함께 구브로로, 바울은 실라와 함께 수리아를 거쳐 길리기아로 전도 여행을 떠났다(행 15:39-41). 이처럼 삶의 목적과 목표가 분명한 사람은 작은 일로 쉽게 화내지 않을뿐더러, 화를 내더라도 화에 끌려다니지 않는다.

2. 그 자리를 벗어나서 시도할 것들

숨길 수 없을 정도로 화가 나면, 일단 그 자리를 벗어난 후에 다음과 같은 방법들을 시도하면 마음을 진정시키는 데 도움이 된다. 예를 들어, 스트레칭, 성령의 복식호흡, 산책이나 격렬한 운동, 말씀 묵상, 친구 만나기, 음악 감상, 노래방 가기, 영화 관람, 찬송가 부르기, 카페에서 독서, 여행 등은 화를 씻어내는 데 효과적이다. 그런데 잘못된 화풀이 방식은 오히려 화를 증폭시킬 수 있다.

화가 나면 우리 두뇌는 합리적인 생각이 멈추고, 자신의 화를 정당화하는 방향으로 생각이 흘러가기 쉽다. 따라서 화가 나면 그 자리를 피하고, 위에 언급한 방법들을 실천하는 것이 도움이 된다. 무엇보다 **성령의 복식호흡**과 **SH 쉐마 기도**를 권장한다.

감정이 가라앉은 후에는 긍정적이고 합리적이며 논리적이고 영적인 사고로, 감정을 이성의 영역으로 가져올 필요가 있다. 가령, 내가 화낼만한 상황인지? 내가 상대방의 의도를 오해하고 있는 것은 아닌지? 화내는 것이 나에게 어떤 유익이 있는지? 등

1) 본받지 않아야 할 화풀이 방법과 그 폐해를 이야기합니다.

■ 본받지 않아야 할 화풀이 방법

① 술, 담배: 잠시 화를 해소할 뿐, 신체와 정신 건강에 악영향을 미친다.

② 폭력: 다른 사람에게 신체적, 심리적 피해를 주며, 법적 문제를 초래한다.

③ 폭식: 일시적인 스트레스 해소 방법일 뿐 건강에 해롭다.

④ 유흥과 과도한 게임: 현실 도피로 상황을 더욱 악화시킨다.

⑤ 물건 던지기: 순간적으로 기분이 시원할 뿐, 주변 사람을 위험에 빠뜨리고 후회만 남는다.

⑥ (현실 도피적인) 잠: 문제를 잠시 회피할 뿐, 우울증으로 번질 우려가 있다.

⑦ 무턱대고 참기: 화를 억누르면 언젠가는 폭발할 것이며, 몸이 상한다.

⑧ SNS 등에 분노 표출: 다른 사람에게 해가 되고, 나쁜 인상을 남긴다.

⑨ 자기 비난과 자책: 자기 존중감이 낮아지고 성질이 너절해진다.

■ 그리스도인이 본받지 않아야 할 화풀이 방법

① 다른 사람을 비난하거나 저주하는 말 (마 5:44)

② 분노를 정당화한 복수 (롬 12:19)

③ 그리스도인의 기본적 삶에서 벗어난 삶

　　(예, 유흥과 폭력, 기도와 묵상에서 멀어지는 것 등)

2) 감정이 복받칠 때, 기도가 오히려 화가 될 수 있는 이유를 생각해 봅니다.

　　화가 나면 부정적 감정이 증폭되어 사고가 편협해지고, 정해진 답을 염두에 둔 기도를 드리기 쉽다. 기도는 하나님의 말씀인 '성령의 검'(엡 6:17)을 휘두르는 것과 같으므로 기도 전에 감정을 안정시킬 필요가 있다. 화난 상태로 검을 휘두르면, 그 얼마나 위험하겠는가?

　예수님께서 제자들에게 기도를 가르치시면서, 먼저 사람의 잘못을 용서하라 말씀하셨다(마 6:14- 15). 그런데 적잖은 성도들이 기도에 앞서 '몸과 마음 준비하는 일'을 소홀히 하는 경향이 있다. 따라서 목회자들은 성도들에게 기도 전에 어떤 마음가짐을 가져야 하는지, 특히 감정을 어떻게 다스려야 하는지 가르칠 필요가 있다.

　감정을 관장하는 편도체가 과잉 활성화되고 자율신경계가 불안정하면, 자기 생각을 하나님의 음성으로 착각할 위험이 많다. 기도 시간을 늘리는 것도 중요하지만, 질 좋은 기도를 드리는 것이 더욱 필요하다.

　당신이 머물러 있는 그 자리에서 조금만 벗어나도 생각과 감정이 조절된다. 창문을 열어 신선한 공기를 마시고 햇볕만 쬐거나, 멀리 보이는 산천초목을 바라보는 것만으로도 기도하기에 좋은 몸과 마음 상태가 된다.

3. SH 쉐마 기도 (교재 p.109, 138 참고)

하나님께서는 우리에게 있어야 할 것을 벌써 아시기 때문에(마 6:8, 32), 그리스도인이라면 기도를 통해 하나님에게서 무엇인가를 얻기를 바라기보다 하나님과 **사랑의 관계**를 맺는 데 집중해야 한다.

> (예수) **그리스도**께서, **우리**(나 또는 중보기도 대상자의 이름) **죄**를 위하여,
> **십자가**에서, **죽**으시고
> **우리**(나)를 위하여, **부활**하셨습니다.
> **사랑**합니다, **감사**합니다. **아주** 많이요.

■ 기도 목적

육체와 영혼의 전인적 치유와 회복으로 예수 그리스도 안에서 샬롬(שלום, shalom; 평강, 민 6:26)에 이르게 하는 기도이다.

경쟁사회에 사는 그리스도인 역시 수많은 정신적 압박으로 인해 마음의 쉼을 얻지 못할 뿐만 아니라 적잖은 육체적 질병에 노출되어 있다. 부활하신 예수님께서 두려움에 떠는 제자들에게 평강(요 20:19, 26)을 빌었던 것처럼, 이 시대 그리스도인의 몸과 마음에도 샬롬(평강)이 필요하다.

■ 기도 원리

예수님은 '하나님의 손'(the finger of God, 눅 11:20)을 힘입어 병자들을 치유하셨다. 이처럼 성도들도 손을 들어 그리스도의 이름으로 'SH 쉐마 기도'를 할 때, 성령님께서 기도하는 자에게 전인적 치유와 회복을 주신다.

SH 쉐마 기도에서 손을 사용하는 이유는 마음을 집중하는데 도움이 될 뿐만 아니라,

손이 두뇌와 생물학적으로 긴밀히 연결되어 있기 때문이다.

■ 기도의 예시

(손바닥을 안면 위에 두고) "두 **눈**으로 하나님이 지으신 세상을 보고 찬양하며 성경을 볼 수 있게 하시고, 사랑하는 가족을 가까이 볼 수 있게 하시며, 이웃의 숨겨진 눈물을 보게 하소서.

코로는 . . .
입으로는 . . .

(손바닥으로 양쪽 귀를 덮은 채) 두 **귀**로 하나님의 음성을 듣게 하시고, 하나님이 지으신 세상의 아름다운 소리를 듣게 하시며, 이웃의 많은 이야기를 주님의 마음으로 귀담아듣게 하셔서 하나님의 기쁨이 되는 삶이 되게 하옵소서.
예수님의 이름으로 기도합니다. 아멘"

■ 때와 장소

때와 장소는 구애받지 않으며, 업무 중에도 2 - 3분 짬을 내면 충분하다.

✔ 'SH 쉐마 기도'는 믿음이 약하여 불안할 때, 사랑이 부족하여 화가 날 때, 소망이 결핍되어 우울할 때 등 샬롬의 평강을 구할 때 실천한다. 온몸의 치유에도 큰 도움이 된다.

4. 화해의 실천

1) 바울 사도는 화해를 실천하고 싶었습니다. (교재 p.104 – 105 참고)

　① 내(바울)가 화난 이유는 무엇 때문인가? (why)

　　첫째, 마가가 선교여행을 도중하차하여 혼자 예루살렘으로 떠났기 때문
　　　(바울은 마가로부터 어떤 사과도 받지 못했다.)

　　둘째, 바나바가 마가와 함께 선교여행을 떠나자고 제안했기 때문
　　　(바울이 보기에, 바나바는 마가를 감싸는 듯이 보였다.)

　② 내가 바라는 것은 무엇인가? (want)

　　마가를 만나 화해하고, 주의 일을 함께 하자고 제안하고 싶다.

　③ 나는 마가를 만나 무슨 말을 하지? (say)

　　바울 사도의 기도문으로 대체한다. (행 15:39-40, 딤후 4:11 참고)

✔ 바울의 기도

하나님 아버지, 선교는 사람의 마음을 얻는 것인데, 제가 그리스도의 피로 함께 하나님의 가족이 된 마가에게 지나치도록 많은 것을 요구했습니다. 제게는 복음으로 낳은 마가와 같은 젊은이들이 많습니다. 그런데 제가 유독 마가에게만 엄격할까요?

하나님께서는 죄인 중에 괴수와 같은 저를 하나님의 가족으로 받아주시고 사도로 불러주셨습니다. 저는 선교지에서 예루살렘으로 막무가내로 떠나버린

마가를 사랑으로 품지 못했습니다. 저는 당시에 마가가 자기 몫을 다하지 못하는 무책임한 놈이라고 생각했습니다.

제가 안디옥에서 바나바에게 선교여행을 떠나자고 제안하자, 바나바는 자기 조카 마가와 동행하려 했습니다. 그런데 저는 마가가 여전히 미덥지 않아 "마가는 우리와 함께 선교여행을 떠날 수 없다."라며 그의 요구를 거절했습니다. 우리는 다투듯이 각자의 주장에서 조금도 물러서지 않았습니다. 지금 돌아보면, 제가 동료들의 상처를 보듬지 못하고 일에만 매달렸습니다.

"바울아, 네가 십자가의 사랑으로 값없이 구원받았거늘, 너는 그리스도의 보배로운 피로 구원받은 마가를 비판만 하고 품을 줄을 모르는구나."
하나님, 아버지 ~ ! 바나바가 제게 했던 말이 제 심장에 비수가 되어 꽂혔습니다. 더군다나 바나바가 마가와 함께 구브로로 선교여행을 떠나겠다며 쏘아붙이듯이 말하자, 제 마음에 상처가 되었습니다.

하나님 아버지, 저는 선교여행으로 심신이 몹시 지쳤고, 열악한 환경에서 살고 있습니다. 굶주려 기력은 없고, 조금만 추워도 견디기 힘들 만큼 건강이 몹시 취약해졌습니다.

저는 디모데처럼 어른이 되어 있을 '마가'를 빨리 만나보고 싶습니다. 마가는 우리 일행의 선교 소식을 어디선가 듣고 있을 텐데, 그는 어디서 어떻게 지내고 있을까요? 언젠가 제가 예루살렘에 잠시 들렀을 때, 마가를 만나 그당시의 자초지종을 들어볼 기회를 놓친 것이 후회스럽습니다. 어미 닭이 새끼를 안음같이, 이제라도 마가를 십자가의 사랑으로 품고 싶습니다. 나로 인해 마음 깊이 상처를 가지고 있을 마가를 만나 화해하고 싶습니다.

하나님의 선하신 뜻이 이뤄지기를 예수님의 이름으로 기도합니다.

2) 또봉이는 화해를 실천하고 싶었습니다. (교재 p.74 참고)

또봉이가 문을 '쾅~' 닫고 자기 방으로 들어간 행동은 가족에게 무언의 폭력을 가하는 것과 같다. 상대를 노려보는 것, 쿵쾅거리며 걷는 것, 필요한 순간에 침묵하는 것, 물건을 은근히 던지는 행동, 안면 홍조를 띠며 쳐다보기, 깐죽거리는 표정, 대답을 하는 대신 비꼬는 웃음, 한숨을 과도하게 쉬며 상대를 무시하는 태도, 문이나 서랍을 일부러 크게 닫아 소음을 내는 행위, 상대방이 말할 때 고의로 휴대폰을 보는 등, 우리 주변에는 상대방에게 불편함과 위협을 줄 수 있는 유사 폭력들이 많다.

이뿐 아니라 정치, 경제, 사회적인 면에서 우리를 화나게 하는 상황과 사건들이 즐비하다. 어떤 경우든 가장 바람직한 화해 방법은 **대화**로 푸는 것이다(잠 15:23, 25:11). 가족과의 대화는 바른 관계를 통해 **사랑**을 유지하고 회복하는 데 절대적으로 중요하다.

화날 때, 'why – want – say'의 과정을 거쳐 갈등을 해소하고 화해하는 그리스도인은 경건의 능력이 있으며, 이런 사람은 성공적이며 행복하게 살아갈 것이다.

① 내(또봉이)가 화난 이유는 무엇 때문인가? (why)

또봉이는 먼저 화난 감정을 추스르고, 숨은 생각을 찾아내어 자기 행동이 가족에게 어떤 영향을 미쳤을지 돌아보아야 한다. 다음은 또봉이가 화가 나서 문을 '쾅! 닫고 자기 방으로 들어간 이유를 설명하고 있다.

첫째, 수학 시험을 망쳤다는 생각에 자신에게 실망하였기 때문이다. 둘째, 자신에게 실망한 상태에서 엄마의 배려가 부담스럽거나 죄책감을 느꼈기 때문이다. 셋째, 자신의 감정을 솔직하게 표현하는 데 미숙했기 때문이다. (번번이 말하지만, 정답이나 해답을 찾기보다 가족이 대화하는 시간이다.)

② 내가 바라는 것은 무엇인가? (want)

또봉이는 시험을 잘 치르지 못한 자신에게 화가 났는데, 시험과는 무관한 엄마에게 화를 내고, 문을 세차게 닫으면서 가족들이 오해하도록 행동했다. 시험은 이미 지난 일이고, 현 상황에서 또봉이가 바라는 것은 무엇이겠는가?

또봉이는 자기 잘못을 뒷수습해야 했다. "그러면 어떻게 수습해야 할까?"
"아, 그렇다. 엄마에게 자초지종을 말하고 용서를 구해야겠다."

③ 나는 엄마와 가족에게 무슨 말을 하지? (say)

작은 표현에서 시작하여 솔직한 대화로 이어져야 한다. 가족이 대화하면 서로가 사랑하는 관계에 있음을 확인하게 된다.

또봉이가 자기 잘못을 엄마에게 진솔하게 말하기 어렵다면, 먼저 작은 표현으로 화해의 문을 열어야 한다. 예를 들어, "엄마, 간식 맛있었어요. 고마워요." "엄마, 요즘 힘든 일은 없어요? 제가 도울 일은 없을까요?"
이런 식으로 화해의 문을 열면, 이제는 용기를 내어 엄마와 단둘이 솔직한 대화를 나눌 수 있게 된다. "엄마, 사실은 오늘 시험을 망쳐서 속상했어요. 그런데 엄마가 간식을 준비해 주신 걸 보고 복잡한 마음이 들어서 퉁명스럽게 말했어요. 미안해요."

필자는 하나님 형상의 회복을 위한 교회교육이 성도들의 가정생활에 실질적인 영향을 미쳐야 한다고 믿는다. 특히, 어떤 상황에서도 가장 바람직한 화해 방법은 대화임을 강조하고자 한다.

✔ 학생들을 상담하며 느꼈던 것들

필자는 서울의 한 고등학교에서 남학생들의 생활 상담을 2년 동안 진행했다. 교무실에서 다음 수업을 준비하는 교사들과 대화할 때면, 복도에서 다투는 학생들이나, 교무실에서 훈육받는 학생들이 자주 눈에 띄었다. 교사와 학생들의 대화를 엿듣다 보면, 내가 상담하는 학생들과 별반 차이가 없다는 생각이 든다.

빌린 돈 천 원을 갚지 않아 다투고, 빌려준 옷을 되돌려받지 못했다고 싸우고, PC방에 갔다고 부모에게 책망받자 가출하고, 같은 반 친구가 자기 성적을 훔쳐봤다고 다투고, 피우지도 않는 꽁초가 가방에서 발견되어 담임에게 혼나고, 교실의 기물을 파손해 담임에게 혼나는 일들이 있었다. (서울의 명문고이다.)

알고 보면 어른이라고 해서 화를 내는 수준이 반드시 고매한 것은 아니다. 필자는 종종 70대 중반 정도 되는 할아버지들의 모임에 가게 되는데, 그분들이 화내는 이유를 살펴보면 고등학생과 비교해도 전혀 고상해 보이지 않는다. 일반적으로 대다수 사람은 자신의 욕구가 위협을 받으면 화를 낸다.

우리 그리스도인들이 성령을 받고, 예배하고, 성경을 읽고, 부흥회에 참석하고, 봉사하고, 선교지를 방문하고 . . . 그럼에도, 지역교회는 성도들이 감정을 조절하고 관리함으로써 하나님의 형상을 온전히 회복하도록 교육해야 한다.

topic 8 │ 우울 (감사와 소망의 결핍)

무한경쟁, 끝없는 비교, 몰인정, 가치의 상대화
선한 마음을 짓누르는 어둠의 돌덩이다.
하지만 시선이 바뀌고 희망의 불씨가 있다면
우울함조차도 디딤돌이 될 수 있지 않을까?

"내 영혼아 네가 어찌하여 낙심하며 어찌하여 내 속에서 불안해 하는가 너는 하나님께 소망을 두라 그가 나타나 도우심으로 말미암아 내가 여전히 찬송하리로다." (시 42:5)

"Why are you downcast, O my soul? Why so disturbed within me? Put your hope in God, for I will yet praise him, my Savior"

나눔과 활동 1

우울한 감정

✚ 소통의 목표

1. 우울한 감정이 어떤 상태에서 느껴지는 감정인지 알게 한다.
2. 우울할 때, 우리의 신체, 생각, 말과 행동에 어떤 변화가 뒤따르는지 알아본다.

우울함은 세상에 홀려 남겨진 듯한 외로움, 소중한 것을 잃어버린 상실감, 올바르게 행동하지 못했다는 죄책감, 무능하다는 생각에서 비롯된 무력감, 그리고 암담한 미래에 대한 불안감 등에서 비롯되는 어두운 감정이다. 이러한 감정이 지속되면 앞으로 나아갈 방향을 찾지 못해 막막해지고, 상황을 비관하여 자신을 비하하게 되며, 점차 깊어지면 우울함과 절망으로 이어질 수 있다.

우울증은 종종 믿음이 부족하거나 영적으로 약해서, 혹은 생활이 여유로워서 생기는 병으로 오해받곤 한다. 성경에 등장하는 인물 가운데 엘리야, 요나, 예레미야, 사도 바울과 같은 인물들뿐만 아니라 마틴 루터, 찰스 스펄전, 마더 테레사 같은 신앙의 거장들 역시 자신들의 우울증을 솔직하게 고백한 바 있다.

성도들의 영적 상태는 단순히 하나님에 대한 믿음(소망, 사랑)만으로 규정될 수 없다. 이는 육체적 건강, 정서와 성품, 기질, 가족 관계, 사회적 환경 등 다양한 요소를 고려해야 하는 복합적인 문제이다. 따라서 그리스도인의 우울함을 숨겨야 할 부끄러운 것으로 단순화해서는 안 된다.

이미 배운 것처럼, 우울함은 단순히 부정적이고 불필요한 감정만은 아니다. 오히려 감사와 소망 중에 살아갈 동기를 부여하기도 한다. 그러나 우울한 감정에서 벗어나려면 무엇보다 먼저, 자신에게 밀려온 우울한 감정을 **인지하고 인정**하는 것이 중요하다.

✔ 스펄전: 19세기의 영국의 설교자　　테레사: 인도에서 활동한 수녀(79년 노벨 평화상)

1. '빈센트 반 고흐'의 자화상에서 어떤 감정이 느껴집니까?

고흐의 자화상에는 슬픔뿐 아니라, 외로움, 죄책감, 그리고 무력감에서 비롯된 우울함이 투영되어 있는 듯하다.

'슬픔에 잠긴 노인'은 고흐가 죽던 해에 지독한 발작 중에 완성된 작품이다. 낡은 작업복 차림의 초췌한 노인이 허름한 나무 의자에 앉아 고개를 숙이고 흐느끼고 있다. 삶의 비통함과 절망을 억누르는 듯이 두 주먹으로 눈을 가리고 있다. 노인의 거친 손과 닳아 빠진 구두에 그의 고단한 삶의 무게가 깊게 새겨져 있다. 일찍이 고흐는 자신이 늘 신고 다니던 낡은 구두를 몇 번에 걸쳐 그린 적이 있다. 그림 속 노인이 신고 있는 것과 같은 구두이다. 고흐가 점점 심해지는 발작 가운데 느꼈던 불안함과 절망이 그림에 고스란히 투영돼 있다. ('그림 속 여자가 말하다', 이정아; 영진닷컴)에서 옮김

고흐는 어떤 화가보다 자화상을 많이 그렸다. 이 작품은 고흐가 세상을 떠나기 일 년 전 1889년, 정신병원에서 그린 자화상이다. 우울하고 의기소침해 보이는 자화상으로 붓질도 혼란스럽고 색도 어둡다. 그는 눈에 힘을 주었지만, 그의 표정은 초점을 잃은 듯하고 자신의 한계를 벗어난 듯해 보인다.

고흐는 목사의 아들로 태어나 탄광에서 전도사로 일하면서 화가 활동을 했다. 그가 동생 테오와 주고받은 편지에는 형제 사랑이 가득하다. 필자는 고흐의 그림을 볼 때마다, 자연스럽게 그의 생애가 떠올라 마음이 저리고 우울해진다. 특히, 그가 만년에 정신질환으로 요양원에서 지내며 그렸던 '별이 빛나는 밤(1889)'은 깊은 인상을 남긴다. 화폭 위의 올리브 나무와 예배당 십자가는 그가 그리스도에 대한 소망의 끈을 끝까지 놓지 않았음을 상징적으로 보여준다.

2. (왼쪽 그림을 참고하여) 우울하면 어떤 변화가 있는지 관찰합니다.

신체적 피로는 휴식을 취하면 회복되지만, 정신적 피로는 몸을 움직여야 한다.

163

그런데 우울증이 오면 생각은 마비되고 몸을 움직이고 싶지 않아진다.

- 신체 : 온몸에 힘이 빠져 기운이 없고 움직이고 싶지 않다. 가슴이 답답하고 무기력한 하품이 나온다. 깊은 잠을 자지 못하고 자주 깨서 피곤하다. 심각한 불면에 시달린다. 밥맛이 없고 소화가 되지 않는다. 체중이 늘거나 빠진다.

- 생각 : 집중이 되지 않고 침울하다. 상대방이 무슨 말을 하는지 관심이 없다.
  후회스럽고 마음 상한 지난 일들이 자주 떠오르는 등 자기 비하를 한다.
  두뇌 회전이 더디고, 아무 생각 없이 멍하다. 자살 충동에 노출되기도 한다.

- 말, 행동 : 입에 거미줄 친듯 말을 하지 않으며, 말을 해도 남의 감정이나 이목 따위를 전혀 고려하지 않는다. 예전에 재미있었던 것들에 대해 흥미가 사라지고 아무것도 하지 않으려 한다.

- 뇌, 얼굴 표정 : 편도체는 활성화되지만, 생각하는 두뇌인 전두엽의 기능이 약해져 사고력과 집중력이 낮아진다. 얼굴은 무표정해진다.

3. 나는 다음과 같은 경우에 우울해집니다.

각자의 경험을 나누는 시간이며, 필자는 다음과 같은 경우 우울해진다.

1) 일의 성취가 없거나 더딜 때, 무능함과 무력감을 느끼며 우울해진다.
2) 특별한 이유 없이 찾아오는 기질적인 우울감이다.
3) 죽음 앞에서 인생의 허망함이 느껴질 때 (필자는 고등학교를 졸업할 즈음 어머니를 여의는 아픔을 겪었고, 그로 인해 오랜 세월 동안 깊이 상심했다.)
4) 하나님의 임재가 느껴지지 않을 때, 우울함을 느낀다.

나눔과 활동 2
나의 우울 지수

✚ **소통의 목표**

1. 자신의 우울 지수를 스스로 측정한다.
2. 자신의 감정 에너지를 그래프에 나타내고 그 상태를 설명하게 한다.

우울증을 호소하는 사람들은 잠자리에 들 때, 과거의 어두운 기억을 반복적으로 떠올리는 경향이 있다. 이러한 습관이 지속되면, 부정적인 감정이나 경험을 끊임없이 되새기는 반추사고(rumination)라는 사고 패턴이 형성되며, 교감신경이 과도하게 활성화되어 수면의 질이 저하된다. 또한 잠들기 전의 부정적인 생각은 '렘(REM) 수면' 중에 이루어지는 기억 재구성 과정에 나쁜 영향을 미치고, 코르티솔과 같은 스트레스 호르몬의 분비를 증가시켜 우울증의 발생과 심화를 가속화한다.

우울한 기분은 누구나 느낄 수 있는 자연스러운 감정이다. 그러나 이런 우울한 감정이 최소 2주 이상 지속된다면, 단순히 기분 변화가 아닌 정신질환으로서의 우울증을 의심해야 한다. 이런 경우는 전문 상담 기관이나 병원을 찾아 도움을 받는 것이 중요하다.

우울증을 스스로 진단하려면, 'Kovacs & Back(1997), BDI'를 활용하거나 '국가 트라우마 센터'에 게시된 **우울증 자가 진단지**를 활용하는 것이 도움이 될 수 있다.

어떤 자가 진단지를 활용하더라도 다음 두 가지에 유의해야 한다. 첫째, 피검사자는 자신의 의도적인 희망을 선택하지 않고 현재 상태를 진솔하게 반영해야 한다. 둘째, 피검사자는 검사 점수의 높낮이에 지나치게 집착하지 않아야 한다.

1. 나의 우울 지수는 ⋯⋯⋯⋯ 점으로 ⋯⋯⋯⋯⋯⋯⋯⋯⋯⋯ 상태이다.

성인은 '국가 트라우마 센터'(www.nct.go.kr)에서 우울증 자가 진단을 한다.

168페이지에 게시된 '우울증 자가 진단지'는 '학생 감정코칭 워크북'(서울대 발행)의 '벡 우울 척도'(BDI, Beck Depression Inventory)를 인용했다.

다음 수치는 학생(청소년)에 해당

 0 - 10점 : 괜찮음   11 - 15점 : 조심
16 - 20점 : 위험   21 - 28점 : 도움이 필요

'정신 건강'을 다루는 병의원은 인터넷에 다양한 '자가 진단 테스트'를 소개하고 있다. 예를 들어, ADHD, 분리불안 장애, 학교 따돌림, 학습 장애, 반항성 장애, 소아 우울증, 인터넷 중독, 스마트폰 중독, 알콜 중독, 폭식 장애, 우울증 등등.

2. 다음 세대는 자신의 우울한 감정을 어떤 방식으로 나타냅니까?

어린아이와 청소년은 '주요 우울증'(major depression)과는 구분되는, 다음과 같은 독특한 방식으로 자신들의 우울한 감정을 드러낸다.

1) 어린아이 : (복통과 같은) 신체적 증상, 놀이에 흥미를 잃음, (부딪히거나 다치는 등) 사소한 사고, (ADHD와 다른) 집중력 저하 등

2) 청소년 : 짜증, 분노, 과민(irritability, 별거 아닌 일로 화를 잘 냄, 성급함), 학업에 흥미를 잃음 등

3. 자신의 감정 에너지의 변화를 표에 나타내고, 그 의미를 설명합니다.

자신의 감정을 그래프로 직접 나타내다 보면, 자신은 물론 타인의 감정까지도 인식하고 이해하는 힘이 길러진다. 감정을 계량화하는 것은 주관적일 수밖에 없겠지만, 진솔하게 그린 후에 서로의 그래프를 비교하는 시간을 갖는다.

각자가 자신의 '감정 에너지의 변화'를 직접 그려보고 서로 비교해 보면, 항상 기쁘거나 항상 우울한 사람은 없다는 것을 알 수 있다. 이는 우울한 감정이 우리 삶에서 매우 자연스러운 것이며, 감정은 상대적이라는 뜻이다. 또한 사람마다 우울한 정도를 평가하는 기준과 정도도 다르다.

A, B, C 세 사람의 감정 에너지의 변화를 해석하자면, (교재 p.116)

A : 정상적 감정 / 완전히 규칙적으로 감정이 변하는 사람은 없다.

B : 비정상적인 감정 / 매일 감정의 진폭이 크면 정상적 생활이 어려울 것이다.

C : 우울한 감정 / 감정 에너지가 2주 이상 기준점 '0' 아래이면 우울증인지 의심해야 한다.

8. 우울(감사와 소망의 결핍)

순번	질문	배점	순번	질문	배점
1	1. 나는 가끔 슬프다. 2. 나는 자주 슬프다. 3. 나는 항상 슬프다.	0 1 2	8	1. 나는 가끔 피곤하다. 2. 나는 자주 피곤하다. 3. 나는 언제나 피곤하다.	0 1 2
2	1. 나는 대체로 무슨 일이든지 웬만큼 한다. 2. 나는 못하는 일이 많다. 3. 나는 모든 일을 잘 못한다.	0 1 2	9	1. 나는 밥맛이 좋다. 2. 나는 밥맛이 없을 때가 많다. 3. 나는 밥맛이 없을 때가 대부분이다.	0 1 2
3	1. 나는 나 자신을 좋아한다. 2. 나는 나 자신을 좋아하지 않는다. 3. 나는 나 자신을 미워한다.	0 1 2	10	1. 나는 외롭다고 느끼지 않는다. 2. 나는 가끔 외롭다고 느낀다. 3. 나는 항상 외롭다고 느낀다.	0 1 2
4	1. 잘못되는 일은 탓이 아니다. 2. 잘못되는 일은 내 탓인 것이 많다. 3. 잘못되는 일은 모두 내 탓이다.	0 1 2	11	1. 나는 학교생활이 재미있다. 2. 나는 가끔 학교생활이 재미있다. 3. 나는 학교생활이 재미있었던 적이 없다.	0 1 2
5	1. 나는 때때로 울고 싶은 기분이 든다. 2. 나는 자주 울고 싶은 기분이다. 3. 나는 매일 울고 싶은 기분이다.	0 1 2	12	1. 나는 친구가 많다. 2. 나는 친구가 좀 있지만 더 있으면 좋겠다. 3. 나는 친구가 하나도 없다.	0 1 2
6	1. 나는 쉽게 결정을 내린다. 2. 나는 어떤 일을 할 때, 결정을 내리기 어렵다. 3. 나는 어떤 일을 할 때, 결정을 못 내린다.	0 1 2	13	1. 나는 학교 성적은 괜찮다. 2. 나는 학교 성적은 예전처럼 좋지는 않다. 3. 나는 무척 잘하던 과목이 요즘 성적이 뚝 떨어졌다.	0 1 2
7	1. 나는 괜찮게 생겼다. 2. 나는 못생기 구석이 약간 있다. 3. 나는 못 생겼다.	0 1 2	14	1. 나를 진심으로 좋아하는 사람이 있다. 2. 나를 진심으로 좋아하는 친구가 있는지 확실치 않다. 3. 나를 진심으로 좋아하는 사람은 아무도 없다.	0 1 2

나눔과 활동 3
관점 바꾸기

✚ 소통의 목표

1. 그리스도께 소망을 두어 비교 의식과 우울함에서 벗어나게 한다.
2. 관점을 바꾸어서 생각하는 훈련을 한다.

　필자가 신학대학 재학 시절, 필리핀으로 배낭 선교여행을 떠날 때였다. 새벽부터 장맛비가 추적거리는 서울 시내는 대낮인데도 사방이 회색빛으로 뒤덮였다. 첫 해외여행에 설레며 창공을 날아야 할 순간인데, 이상하게도 기분은 해수면 아래로 가라앉은 듯 무거웠다. 이륙한 지 반 시간이 지나자, 항공기의 작은 창에 빗방울이 더욱 드세게 몰아쳤다.

　"세상에, 구름 위가 이럴 수가 있다니!"
태초의 찬란함이 좁은 창으로 밀려들었다. 비를 머금은 먹장구름이 햇빛을 받아 지상 어디에서도 볼 수 없는 신비로운 하나님의 세계를 펼쳐 보이고 있었다. 그 광경은 지상의 햇살과는 비교할 수 없을 만큼 경이로웠다. 그날 이후로 필자는 우울한 상황을 만날 때면 "사람이 감당할 시험밖에는 너희가 당한 것이 없나니."(고전 10:13)라는 말씀을 떠올리며 하나님의 관점에서 상황을 바라보기 시작했다.

　예수 그리스도의 십자가와 부활만큼 성도들에게 소망이 되는 사건이 어디에 있겠는가? 그의 죽음은 부활로 이어졌기에 그리스도는 모든 믿는 자들에게 산 소망이 되었다. 그러므로 그리스도인은 인생의 겨울을 만날 때, 영광의 **소망이신 그리스도**를 믿는 믿음 가운데, 비교 의식에서 벗어나 매사를 하나님의 관점으로 생각하며 범사에 감사할 수 있다.

1. 그리스도는 어떤 상황에서도 우리의 절대적인 소망이 되신다.

불안이 믿음 없음에서 비롯된다면, 화는 사랑 없음에서 오며, 우울은 '감사와 소망 없음'에서 찾아오는 어두운 감정이다. 우리가 앞에서 배운 '불안(6과)과 화(7과)'라는 감정이 조절 관리되지 않으면 결국 '우울'로 이어질 수 있다.

이 교재는 일상에 지장을 주는 우울감을 미리 예방하거나, 깊어지는 우울감에서 벗어나기 위한 여러 방법을 제시하고 있다. 그리스도인이라면 그리스도의 십자가와 부활에 기초한 '감사와 산 소망'(a living hope)으로 우울증을 미연에 막아야 한다.

1) 소망

바울 사도는 매일같이 걱정에 짓눌려 고통을 겪었으며(고후 11:28), '육체의 가시'(고후 12:7)로 인하여 마음속으로는 차라리 이 세상을 떠나 그리스도와 함께 살고 싶어 했다(빌 1:23). 우리는 그의 삶이 얼마나 고단했으며, 때로는 심각한 우울감에 짓눌렸는지 충분히 짐작할 수 있다.

그럼에도 바울은 그리스도를 위하여 병약함과 모욕, 궁핍, 박해와 곤란을 기뻐하였고(고후 12:10), 우리에게도 항상 기뻐하고 범사에 감사하라고 권면했다(살전 5:16, 18). 십자가에 나타난 하나님의 사랑과 예수 그리스도의 부활이 바울 사도에게 산 소망이 되지 않았다면, 그는 고통 중에 감사할 수 없었을 것이다.

2) 비교, 관점, 감사

세상의 사람들은 주로 어떤 방식으로 서로를 비교하며 사는가? 누가 더 잘 사는가? 누가 더 부자인가? 누가 더 수입이 많은가? 누가 더 잘 생겼는가? 누가 키가 더 큰가? 누가 공부를 더 잘하는가? 누가 믿음이 더 좋은가? 어느 것이 더 비싼가? 어느 교회가 교인 수가 더 많은가? 어느 회사의 연봉이 더 많은가? 등

하나님의 값없이 베푸신 은혜로 구원받은 성도가 다른 사람과 자신을 비교하거나 남을

평가하며 사는 것은 온당치 못하다. 비교는 남보다 잘한다고 여기면 우월감을, 남보다 못하다고 느끼면 열등감을 낳는다. 이 우월감과 열등감은 사람을 우울한 감정으로 인도하는 넓은 문이 된다.

하나님의 형상으로 지음을 받은 사람은 값을 매길 수 없는 존재이다. 특히 그리스도인은 '값없이 의롭다 하심을 얻은 자'(롬 3:24)이기에 사람을 값으로 비교하고 평가하는 것은 경계해야 한다. 우리는 세상을 값으로만 평가하기보다 참된 가치로 바라볼 줄 아는 눈을 가져야 한다. 예를 들어보자. 골드바(gold bar)와 리바(철근, rebar)를 값이라는 관점에서 비교하면 당연히 금이 더 비싸다. 그러나 고층 빌딩을 지으려면 철근이 꼭 필요하므로, 그 상황에서는 철근이 금보다 더 가치가 있다.

그리스도인은 남들과 우열을 가리는 **비교** 의식에서 벗어나, 죽으시고 부활하신 그리스도의 **관점**(point of view)에서 생각하고, 소망 중에 **감사**하며 살아야 한다.

2. 관점을 바꾸어 생각한 후, 큰 소리로 선포하는 시간을 갖습니다.

소리내어 선포하면, 자기 마음에 굉장한 울림이 있을 것이다.

1) 악마의 생각 : 너는 ×××보다 공부를 못 하니 가난하게 살 거야.
   천사의 생각 : ×××처럼 공부를 잘하지 못해도, 존경받고 행복한 사람이 많아.

2) 악마의 생각 : 저 사람의 생각은 아무리 봐도 틀려먹었어.
   천사의 생각 : 저 사람의 생각이 나와 다를 수 있지.

3) 악마의 생각 : 아무도 나를 돌아보지 않아. 이젠 끝장이야.
   천사의 생각 : 최선을 다했으니, 하나님이 도우실 거야.

나눔과 활동 4

우울을 삭이는 감사

✦ 소통의 목표

1. 자신의 진정한 보배를 재발견하는 시간을 갖는다.
2. 매일의 삶이 감사로 가득하여 하나님의 기쁨이 되게 한다.

1. 내 귀중한 '그 무엇' . . . '마이 프레셔스'(보배)에 7개 이상 적습니다.

1) 가족의 보배를 서로 돌아봅니다.

생명, 건강, 지혜, 강아지, 게임, 가족, 아내, 남편, 부모, 자녀, 돈, 다이아몬드, 감기약, 물, 공기, 자동차, 음식, 직장, 여행, 나라, 하나님, 예수님, 신앙, 교회, 공부 잘하는 것, 해와 달과 별 . . . 등. 특별한 것은 무엇인지 서로를 돌아봅니다.

2) 덜 중요한 것을 하나씩 지우면서, 그 느낌을 이야기합니다.

먼저, 각자 자신이 기록한 보배 가운데 하나를 스스로 지운다. 그다음에는 옆 사람이 상대방의 보배를 하나씩 지운다. 이때의 감정을 공유하고 대화하는 시간을 갖는다. 예를 들어, 부모님이 지워졌을 때나 예수님이 지워졌을 때 어떤 기분이 들었는지 대화한다.

2. 사는 동안 '내 소중한 *'에게 말하지 못했던 고마움을 전합니다.**

하나씩 지워가다 보면, 우리가 함께 사는 사람에게 진정으로 감사하지 않고 살아왔음을 깨닫게 된다. 당연하다고 여길 때, 감사는 사라지기 마련이다.

중요하지 않다고 생각되는 대상을 하나씩 지워가다 보면, 결국 마지막까지 남는 무언가가 있을 것이다. 그것이 바로 진정한 '마이 프레셔스'이다. 어떤 사람에게는 예수님보다 부모님이 남을 수도 있고, 부모님 중에서도 아버지가 아닌 어머니만 남을 수도 있다. 어쩌면 누군가에게는 자신의 생명이 마지막까지 남을 수도 있다.

인도자는 진정한 '마이 프레셔스'가 가까이에 있는 가족이라는 사실을 깨닫고 동의하도록 이끌어야 한다. 또한 하나님(예수님) 역시 하나뿐인 보배(고후 4:7)라는 사실에 동의하도록 인도해야 한다. 부모님이 곁에 계신 것이 당연하게 느껴지고, 자녀가 건강한 것이 당연하게 여겨지며, 예수님을 영접한 것이 당연하다면, 감사는 사라질 수밖에 없다.

필자는 3층 전셋집에서 살던 시절, 장마철이면 천장이 습기로 썩어 내려앉을 듯했고 천장에서 매일 수백 마리의 하루살이가 부화해 거실을 가득 메우곤 했다. 아들은 천장이 무너져 가족이 다칠까 봐 불안해했다. 그럼에도 우리 부부는 산과 공원에서 유입되는 신선한 공기에 크게 감사했다. 아마도 신혼 초에 곰팡이가 피고 하수가 집안으로 흐르던 반지하에서 살았던 것보다는 나아진 상황 때문일지도 모르겠다.

아내가 점점 몸이 약해져 밥을 짓는 것조차 힘겨워지자, 필자는 남은 평생 가정의 모든 설거지와 아침만큼은 준비하겠다고 마음먹었다. 하지만 이른 아침마다 식사를 준비하는 일은 쉽지 않았다. 돈을 아껴가며 싱싱하고 저렴한 재료를 사고, 반찬을 만들고, 밥을 차리고, 설거지까지 마치는 과정은 처음에는 재미있었지만, 몸에 익숙하지 않은 일이라 갈수록 버거웠다. 아내는 삼십 년이 넘도록 이런 일을 불평 한마디 없이 해왔다. 차려진 밥을 당연하게 여기며 형식적인 감사의 말만 건넸던 내 모습이 부끄럽기만 했다.

만약 당신의 수입이 남보다 많은 것이 오로지 자신의 능력 때문이라고 생각한다면, 공부를 탁월하게 잘하는 것이 오로지 자신의 노력과 재능 덕분이라고 여긴다면, 승진한 것이 오로지 자신의 업무성과 때문이라고 믿는다면 . . . 누군가에게 감사하기보다 스스로 우쭐하며 자랑하고 싶을 것이다. 당연하다고 여기는 것이 많아질수록, 감사는 점점 사라지고, 하나님이 개입하셔서 일하실 여지도 줄어들지 않겠는가?

3. 오늘 하루 일과 중에 감사한 것들 3가지 이상을 씁니다.

당신의 나머지 삶은 오늘 하루를 닮는다는 사실을 기억하자.

'오늘'이 중요한 이유는 내일을 위해 오늘의 일용할 감사를 놓쳐서는 안 되기 때문이다. '하루'가 중요한 이유는 하루하루가 모여 일생이 되고, 나아가 영생으로 이어지기 때문이다. 그리고 '일상'이 중요한 이유는 사람들은 특별한 날만을 기대하며 살지만, 사실 가장 평범해 보이는 날들이야말로 범상치 않은 날이기 때문이다.

우리 삶의 매 순간은 고유한 의미를 지니고 있다. 지금, 있는 그대로의 상황과 모습에서 감사를 찾아야 한다. 그렇게 쌓인 작은 감사들이 우리 삶을 특별하게 만들어 줄 것이다.

필자는 성령으로 세례를 받은 그리스도인이 경험해야 할 신비와 기적은 '일상의 기쁨과 감사'라고 믿는다.

- 아침에 온 가족이 일어나 각자의 일터로 가는 것은 감사할 일이다.
- 매일 할 일이 있고, 만날 사람이 있으니 감사하다.
- 저녁에 온 가족이 함께 모여 저녁을 먹는다는 것은 기적이며 감사할 일이다.
- 주일에 하나님께 예배하고 교우들을 만날 수 있으니 커다란 감사이다.
- 예수님의 임마누엘을 의식하며 사는 것은 대체할 수 없는 감사이다.

나눔과 활동 5
행복한 소망의 가정

Ⅰ. 공들여 쌓은 탑이 무너져 마음이 내려앉은 베드로

1. 그가 예수님을 따르며 쌓은 탑은 무엇이며, 언제 무너졌습니까?

1) 쌓은 탑 : 예수님을 따르면서 버린 '모든 것'

베드로를 위시한 제자들은 '모든 것'을 버리고(마 19:27) 예수님을 따랐다. 그들은 세상이 바뀌면 예수님으로부터 이전에 투자했던 것보다 더 많은 재산과 높은 지위를 얻을 수 있다(마 19:28-29, 20:21)고 생각했던 것 같다.

2) 탑이 무너진 때 : 예수님이 십자가에서 죽을 때(마 27:50, 요 19:30)

2. 밤새 고기를 한 마리도 잡지 못했을 때, 베드로의 감정은

우울(우울감)

Ⅱ. 소망 되시는 그리스도로 인해 우울함을 극복한 베드로

1. 우울감을 인식하기

✚ 소통의 목표

1. 내 안에 웅그리고 있는 우울한 감정을 인식하여 끄집어내는 힘을 기른다.

한국인은 우울증 진단을 받아도 스스로 우울하지 않다고 말하는 경우가 많다. 우울한 감정은 매우 예민한 감정임에도, 이를 자신과 무관하다고 여기는 경향이 있다. 이는 우울감에 대한 감정인식이 매우 무디다는 것을 보여준다. 그러나 이렇게 우울증을 감춰도, 한국의 자살률은 OECD 국가 중 가장 높다.

감정의 뇌로 불리는 변연계가 과도하게 활성화되면, 감정을 조절하는 전두엽의 기능이 저하되어 불안, 우울, 공황 증세를 겪을 수 있다. **우울증을 치유**하려면 우선 스스로 우울하다는 사실을 **인식**하는 것이 중요하다. 만약 우울감이 지나치게 심하다면, 병적인 우울증일 가능성이 크므로 (성령님의 역사를 부인하는 것은 아니지만) 의사의 처방에 따라 약물의 도움을 받을 필요가 있다. 다만, 병적인 우울증도 약물만으로 완전한 치유에 도달하기는 어려운 것으로 알려져 있다. 성령님의 내적 치유 역시 중요하다는 뜻이다.

1) 베드로 사도가 느꼈을 감정을 그래프에 옮겨봅니다.

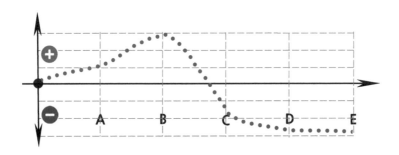

예수님을 처음 따르던 베드로의 마음은 비교적 긍정적이었다(**A**). 그는 예수님의 말씀을 듣자, 자신이 투자한 것 이상으로 보상받을 것을 기대하며 기분이 고조되었다(**B**). 그러나 예수님이 체포되어 심문받자, 베드로는 절망했다(**C**). 이어서 예수님이 십자가에서 운명하자, 베드로는 예수님께 기대했던 모든 소망이 무너져 내려 허망했다(**D**). 베드로가 우울한 마음으로 밤새 그물을 던졌으니 고기가 잡힐 리 없었다(**E**).

2) 우울했던 기억 한 두 가지와 당시의 상황을 이야기합니다.

① 우울했던 기억들

- 필자가 고등학교를 졸업하던 날에 어머니가 돌아가신 기억
- 아내가 병원에 입원한 기억

② 당시의 상황

당시의 상황을 생략하지만, 전자의 경우에 필자는 거의 십 년 가까이 우울했다. 후자의 경우에 십여 년의 세월이 흘러도 부부 모두 약간의 트라우마가 있다.

어느 날, 교회의 한 청년이 필자에게 상담을 요청했다. "목사님, 제 친구가 마치 자살할 것처럼 우울해 보입니다. 친구에게 자살에 대해 직접적으로 이야기해도 괜찮을까요?"

만약 당신이라면 어떻게 대답하겠습니까? 친구에게 자살을 이야기하는 것이 도움이 될까요, 아니면 해가 될까요? 바른 답은 "도움이 된다."입니다. 많은 사람은 자살이라는 단어조차 입에 올리기 힘들어하지만, 우울증이 깊어진 사람이 친구로부터 "자살하지 말라!"는 진심 어린 충고를 들으면 자살 충동이 주춤하게 된다. 이는 단순히 상황이 힘들어서라기보다, 세상에 홀로 남겨졌다는 고독감이 자살의 주요 원인이기 때문이다. (때로는 이러한 고독감이 하나님을 찾게 만든다.)

우울증뿐 아니라 불안과 화난 경우도 마찬가지이다. 반복하여 강조하듯, 감정을 인식하는 것이 그 감정을 조절하고 관리하는 첫걸음이다. 가족들은 역시 각자 우울한 이유를 구체적으로 밝히며 서로 대화할 필요가 있다. 앞서 언급했듯이, 우울한 이유를 숨기지 않고 드러낼 때 치유와 회복은 훨씬 빠르게 일어난다.

2. 의미 있는 지난날을 기억하여 감사하기

✚ 소통의 목표

1. 가족이 저마다 의미 있는 지난날을 기억하며 감사하는 시간을 갖는다.
2. 기억의 당사자에게 감사의 인사를 한다.

육체의 질병뿐 아니라 정신 건강도 예방이 치료보다 중요하다. 예를 들어, 보람 있었던 지난날을 떠올리며 감사하는 태도는 우울한 감정이나 병적인 우울증을 예방하거나 치료하는 데 큰 도움이 된다. 사람은 육체적으로는 음식을 먹고 건강을 유지하지만, 속사람은 의미 있고 보람된 지난 기억을 되새기며 감사하는 가운데 건강해진다. 만약 떠올릴 만한 의미 있는 기억이 없다면, 입으로라도 "감사합니다."라고 소리내어 고백해 보라. 그것만으로도 우울증을 예방하고 치료하는 데 도움이 된다.

1) 베드로 사도의 경우

① 예수님과 함께했던 의미 있는 기억들은 무엇입니까?

베드로 사도의 이야기를 소개하는 이유는 결국 당신 자신의 이야기를 꺼내기 위한 준비이다. 처음의 기억은 오래 지속되고 큰 영향을 미치기에, 베드로 사도가 예수님을 처음 만났던 세 가지 사건을 예로 들었다.

㉠ 베드로는 예수님과의 첫 만남에서 그가 하신 말씀을 잊을 수 없었다.

예수님은 "네가 요한의 아들 시몬이니 장차 게바라 하리라."(요 1:42)고 말씀하셨다. 예수님이 누군가에게 이름을 지어주신다는 것은 둘 사이에 인격적인 관계가 형성되었다는 것을 뜻한다.

ⓛ 베드로는 예수님이 거처로 찾아오셨던 것을 잊을 수 없었다.

베드로는 본래 벳새다(요 1:44) 출신이지만, 생계와 세금 문제를 해결하기 위해 가버나움 장모의 집(막 1:29)에서 아내와 함께 살았다. 어느 날 예수님은 그의 집을 방문하셔서 열병으로 누워있던 장모의 손을 잡아 일으키셨다. 베드로는 그때의 따뜻하면서도 권위 있는 예수님의 모습을 잊지 못했다.

ⓒ 베드로는 자기 배에 찾아오신 예수님을 잊을 수 없었다.

진리를 찾는 구도자(求道者, 요 1:40-42)였던 베드로는 가족의 생계를 책임져야 한다는 부담감 때문에 쉽게 예수님의 제자가 될 수 없었다. 예수님은 한없이 망설이는 베드로에게 찾아오셔서 "깊은 데로 가서 그물을 내려 고기를 잡으라."(눅 5:4)고 말씀하셨다.

베드로가 예수님의 말씀대로 했을 때, 두 배 가득 고기가 잡혔다. 베드로는 자신의 노력으로 가족을 부양해야 한다고 생각했지만, "먼저 그의 나라와 의를 구하면 이 모든 것을 더하신다."(마 6:33)는 그분의 말씀이 진리임을 깨닫게 되었다.

② 베드로는 예수님께 어떤 감사의 인사를 드렸을까요?

다음은 필자의 소견이다. "예수님, 저는 믿음의 조상들이 바라던 대로 하나님의 나라가 이 땅에 임하기를 기대했고, 그 나라에 참여하기를 원하여 동생 안드레와 함께 당신을 찾아갔습니다. 하지만 한편으로는 가족을 부양해야 한다는 책임감 때문에 쉽게 결단을 내리지 못하고 무척 고민했습니다. 그런데 주님께서는 저를 찾아오셔서 더 가치 있고 보람된 된 제자의 길로 이끌어 주셨습니다. 감사합니다."

2) 나의 경우

① 지난날의 의미 있는 기억들은 다음과 같습니다.

의미 있고 즐거운 기억을 떠올리고 나누면 우울함이 사라지고 행복한 감정이 자라난다. 구체적인 추억을 가족과 나누면 가정이 정서적으로 건강해진다. 교회 역시 마찬가지다. 교회는 예수님과 하나님 나라에 대한 기억을 공유하는 하나님의 가족 공동체이기 때문이다.

㉠ 친구의 배려로 떠난 가족 여행: 교회를 개척하던 시절, 경제적으로 어려워 집 근처에서 지낼 수밖에 없던 때에 한 친구가 여행 경비를 제공했다. 덕분에 가족과 함께 춘천 등지로 여행할 수 있었고, 지금도 그 친구에게 깊은 감사를 느낀다.

㉡ 첫 데이트 예배와 가정 예배의 시작: 아내와 결혼 전에 데이트할 때면 장소를 가리지 않고 예배를 드렸다. 이러한 예배는 결혼 후에도 한 주간에 한 번 드리는 가정 예배로 이어지고 있다.

㉢ 아내의 투병 중에 받은 하나님의 은혜: 교회를 개척하던 중에 아내가 병원에 입원했다. 필자는 이렇게 기도했다. "하나님, 육신과 영혼이 너무 피곤합니다. 한국교회를 섬길 힘과 기회를 주십시오." 이후로 하나님께서는 내게 SH 쉐마교육을 지속할 힘을 주셨다.

② 위 기억의 당사자에게 감사를 전합니다.

기억의 당사자가 친족이든 이웃이든, 가족이라도 좋다. 전화하든 직접 만나든, 감사의 인사를 한 후에 가족 모임의 시간에 발표하도록 해보라. 예수님이 성육신하신 것처럼, 말씀이 삶으로 실천되어야 하지 않겠는가?

3. 절대 감사를 고백하기

✚ 소통의 목표

1. 예수님의 죽음이 자기 삶에 절대적으로 감사한 이유를 고백하도록 돕는다.
2. 필요를 따라 규칙적으로 '즐거운 교환'의 기도를 하도록 한다.

필자는 어린 시절부터 객지 생활을 하며 그리움과 외로움을 많이 겪었다. 그래서 예수님을 처음 만났을 때, 그분이 몹시 쓸쓸하고 고독한(solitary) 분이라는 것을 깨닫게 되었다(요 6:67). 이후로 필자는 예수님과 깊이 연결되어 연대(solidarity)하고 있음을 느끼게 되었다. 그리스도의 죽음은 하나님과 우리가 영원히 함께하도록 하시려는 임마누엘의 약속을 성취하신 사건이다.

그리스도의 십자가는 우리에게 다음 세 가지 차원에서 감사를 일깨운다.

첫째, **죄 사함의 은혜**

십자가는 우리가 마땅히 죽어야 할 죄인임을 깨닫게 한다.

"친히 나무에 달려 그 몸으로 우리 죄를 담당하셨으니 이는 우리로 죄에 대하여 죽고 의에 대하여 살게 하려 하심이라."(벧전 2:24)

예수님께서 우리의 죄를 짊어지고 십자가에서 손과 발에 못 박히신 채 죽으셨다. 그래서 우리는 죄의 삯인 사망에서 자유롭게 되었다. 얼마나 놀랍고 감사한 일인가?

둘째, **하나님의 사랑**

십자가는 우리가 하나님의 크신 사랑을 받은 자임을 깨닫게 한다.

"사랑은 여기 있으니 우리가 하나님을 사랑한 것이 아니요 하나님이 우리를 사랑하사 우리 죄를 속하기 위하여 화목제물로 그 아들을 보내셨음이라."(요일 4:10)

하나님이 우리를 사랑하셔서 자기 아들을 화목제물로 십자가에 내어주셨다. 우리가 천지를 창조하신 하나님의 사랑을 받는다는 사실이 얼마나 감사하고 행복한 일인가?

셋째로, 승리의 약속

십자가는 우리가 넉넉히 승리하는 삶을 살게 될 것을 약속한다.

예수님께서 부활하심으로 하나님의 모든 약속이 의롭고 진실하다는 것이 입증되었다.

"그 아들과 함께 모든 것을 우리에게 주시지 아니하겠는가?"(롬 8:32)

"이 모든 일에 우리를 사랑하시는 이로 말미암아 우리가 넉넉히 이기느니라"(롬 8:37)

그리스도의 부활로 인해 우리는 모든 염려와 두려움 없이 하나님의 뜻 안에서 승리(요 16:33, 고전 15:57, 골 2:15, 요일 5:4)하는 삶을 살아갈 수 있다. 얼마나 감사한 일인가?

1) 그리스도의 죽음이 내 삶에 절대 감사인 이유는 이렇습니다.

- 내가 하나님 앞에 그토록 사랑받은 자라는 사실에 감사하다.
- 나 같은 죄인을 예수님 보혈로 하나님의 가족으로 입양해 주시니 감사하다.
- 예수 그리스도를 닮은 삶을 지향토록 하시니 감사하다.
- 가족을 사랑하고 이웃을 사랑할 힘을 주시니 감사하다.
- 몸이 아플 때는 그가 당하신 고난으로 말미암아 회복을 주시니 감사하다.

2) '즐거운 교환'의 기도를 합니다.

'SH 쉐마 기도'(교재 p.109, 138)와 '즐거운 교환'(교재 p.139)은 그리스도의 죽으심과 부활에 근거한 기도이다.

4. 절대 소망을 고백하기

✚ **소통의 목표**

1. 예수님의 부활이 절대적인 소망임을 자신의 신앙으로 고백하도록 돕는다.
2. 우울증을 극복하기 위한 구체적인 방법으로 'EMDR'을 실천하게 한다.

죽음을 마주한 인간은 근원적으로 우울한 존재이다. 사람은 목표를 세우고 열심히 일하며, 삶을 더 재미있고 의미 있게 만들려고 애쓰지만, 이러한 노력은 언젠가 다가올 죽음을 외면하려는 본능적인 몸짓에 불과하다. 삶에 의미를 부여하고 올바른 가치를 찾지만, 깊은 내면의 무의식은 우울함을 넘어 허무함에 빠지게 된다. 살고자 하는 본능만큼이나 죽으려는 본능도 인간에게 내재되어 있기 때문이다.

그럼에도 하나님 보시기에 성도가 존귀한 이유는(시 16:3), 그들은 질그릇 같은 몸에 보배로운 그리스도를 모시고(고후 4:7) '예수의 생명'으로 살기 때문이다(고후 4:10). 그들은 지상의 모든 가치를 상대화하는 예수님과 동행하는 자들로 그리스도를 **절대적인 소망**으로 삼는 자들이다(딤전 1:1). 성도에게 그리스도가 절대적인 소망인 이유는 그가 죽으시고 부활하셨기 때문이다.

그리스도의 십자가는 그를 영접하는 자들에게 사망의 심판에서 벗어날 것을 약속하며, 그의 부활은 성도가 영원한 하나님의 생명으로 새롭게 창조될 것을 보증한다. 부활하신 예수 그리스도는 '지금 이 자리'에 우리와 함께하시는 '임마누엘'의 주님이시기 때문에, 그리스도는 성도에게 그 무엇과도 비교할 수 없는 절대적인 소망이다.

그럼에도 그리스도인은 연약한 존재이다. 그들은 보는 눈으로 죄를 짓고(마 5:29, 6:2), 가나안 정탐 보고를 듣고 밤새도록 통곡했던 이스라엘 자손들처럼(민 14:1) 듣는 귀로 쉽게 낙심한다. 하지만 그리스도인이라면 하나님이 지으신 눈, 귀 그리고 입으로 그리스도로 말미암은 절대적인 산 소망을 고백하며 살아야 한다.

1) 그리스도의 부활이 내 삶에 절대 소망인 이유는 이렇습니다.

　　필자에게 그리스도의 부활이 소망인 이유는, 부활이 죽음 이후뿐만 아니라 현재를 살아가는 마음의 자세와 생활 방식을 전환하도록 이끌기 때문이다.

첫째, (이하, 그리스도의 부활은) 상황을 새롭게 바라볼 힘을 준다.
　　힘든 상황에 직면하더라도, 그 문제들은 막다른 골목이 아니라 변화와 회복의 새로운 기회임을 믿게 한다. 이는 성령님이 부활의 믿음을 가진 성도의 생각, 감정, 의지를 새롭게 하시기 때문이다.

둘째, 힘든 상황을 만나도 그 상황을 돌파할 용기를 준다.
　　죽음 너머에 영원한 생명이 보장되었기에 눈앞의 장애물을 믿음으로 극복할 용기가 생긴다. 이는 십자가를 통해 영광의 부활로 나아가기 때문이다.

셋째, 우리 곁의 가족과 성도들이 영원한 하나님의 나라를 향해 연대하고 있음을 깨닫게 한다.

넷째, 하나님 나라를 향한 우리의 모든 수고가 헛되지 않음을 보증한다. (고전 15:58)

2) **눈**, 귀 등은 우울증의 통로가 되기도 하지만, 치유와 회복 돕는다.
　　'EMDR'을 실천합니다. (교재 p.140, **'EMDR의 실천'** 참고)

　　우리는 보는 눈과 듣는 귀를 통해 얻은 정보들을 뇌에 저장한다. 이렇게 저장된 정보들은 끊임없이 우리 몸에 영향을 미친다. 그런데 이런 영향이 우울증으로 이어졌다면, 이를 어떻게 극복할 수 있겠는가?

'불안(제6과)'이나 '화(제7과)'를 해소하는 방식으로 접근할 수 있다. 하지만 우울증은 불안과 화가 지나쳐 생긴 감정이기 때문에 조절 관리하기가 더 어렵다. 여기서는 우울증 증상을 완화하기 위해 '눈'을 활용하는 방법을 배우려 한다.

EMDR(eye movement desensitization and reprocessing, 안구운동 민감소실 재처리 요법)은 우울증과 같은 트라우마를 단순하면서도 효과적으로 치유하는 데 유용하다. 구체적으로, 우울한 상황을 떠올리며 안구를 상하좌우로 움직이면, 뇌에 저장된 그 우울한 정보가 소실되어 우울증 증상이 완화된다.

■ 필자는 우울한 증상이 나타나면 다음과 같이 극복한다.

① 입을 상하좌우로 움직여 입 운동을 한다.
② "할렐루야 예수님, 감사합니다."라면서 소리내어 고백한다.
③ 평상시에 훈련된 가사를 생각하며 찬송가를 부른다.
④ 앞으로 있을 좋은 날을 바라보며 상상한다.
⑤ EMDR를 하듯 야산을 산책한다.
⑥ 자기 전에 'SH 쉐마 기도'를 한다.

✔ **우울증을 예방하고 치유하는 눈, 귀, 입**

눈의 역할을 먼저 생각해 보자. 햇볕을 쬐고, 바람을 쐬며, 눈으로 산과 나무, 들꽃, 구름, 달, 냇가, 바다, 유적지, 영화, 명화 . . . 등을 보라. 그리고 성경 말씀을 읽고, 장차 자신에게 다가올 좋은 일들을 상상해 보라. 그리고 사랑하는 사람과 당신 자신의 부활을 그려보라.

귀의 역할도 중요하다. 찬송가, 복음성가, 바람 소리, 새소리, 물소리, 국악, 팝송, 아이들의 웃음소리 등 하나님이 창조하신 세상에 얼마나 많은 아름다운 소리가 있는가? 또한 성령님이 교회에 하신 말씀이나 내면의 소리에 귀 기울여 들으면 우울증의 예방과 치유에 도움이 된다.

입의 역할도 또한 잊지 말자. 말씀을 읽고, 노래 부르고, 기도하며, 칭찬의 말을 하자. 주변인과 소통하고 위로하며, 선한 생각을 나누고, 친구들과 소소한 대화를 나눠보자. 이런 작은 행동들이 우리 마음을 풍요롭게 하고 우울증을 예방하며 치유하는 데 큰 도움이 된다.

5. 나의 신앙고백

✚ 소통의 목표

1. 인생의 근원적인 질문에 답하면서, '영혼의 만족함'(샬롬)을 갖게 한다.

인생의 근원적인 질문 세 가지는 다음과 같다.
"나는 누구인가? 나는 무엇을 하며 살아야 하는가? 나는 어디에서 와서 어디로 가는가?"
이상의 세 가지 질문에 명확한 답을 얻는다면, 그 사람은 불안과 화를 이겨낼 것이다. 나아가 어떤 우울증이나 여타의 트라우마가 찾아오더라도 그는 이를 넉넉히 극복하여 새로운 삶의 여정을 이어갈 것이다.

1) "나는 누구인가?"

어린 시절부터 필자는 자신을 탐구할 수밖에 없는 환경에서 살았다. 열한 살에 고향을 떠나 객지 생활을 시작했고, 고등학교를 졸업할 무렵 어머니를 잃자, 몸과 마음이 병들어 깊은 우울감에 빠져들었다. 그때 자신에게 던졌던 질문이 있다. "왜, 나는 세상에 홀로 있는가?" 이 질문은 필자가 중학교 시절부터 떠올렸던 고민이지만, 사실상 이는 모든 인간이 마주하는 근원적 질문이기도 하다.

누구에게나 나다움은 존재한다. 하지만 우리는 타자와의 관계 속에서 자신을 바라봐야 한다. 필자는 어머니의 부재로 인해 삶의 기쁨을 잃었고, 직장생활 중에서도 "나는 누구인가?"라는 질문에 답을 얻지 못한 채 무질서한 생활을 했다. 그러던 중에 친구의 전도로 예수 그리스도를 인격적으로 만난 이후, 비로소 이 질문에 대한 답을 얻을 수 있었다.

"나는 누구인가?" 이 질문은 누구라도 온종일 고민해도 쉽게 답을 내릴 수 없을 정도로 어려운 질문이다. 자신을 설득하고 가상의 누군가에게 설명해 보려 해도 '내가 누구인지'를 명확히 설명하기란 무척 어렵다. 이는 정체성((ID, identity)에 관한 질문이다. 정체성은 두 가지로 설명될 수 있다. 첫째는 '나다움', 즉 내가 '나'다울 수 있는 근본이 무엇인지를 설명한다. 둘째는 나를 둘러싼 사람들(가족, 교회 공동체, 조직 등)과의 '관계'이다.

예루살렘에서 온 제사장과 레위인들이 세례자 요한에게 물었다. "당신은 자신을 누구라고 생각하느냐?"(요 1:22) 요한은 그들의 질문에, 자신의 정체성을 그리스도와의 관계로 설명했다. 이스라엘의 사회철학자 '마르틴 부버'(Martin Buber, 1878-1965)는 "태초에 관계가 있었다."라고 말했듯이, 자신의 정체성을 밝히려면 나다움뿐만 아니라 타자와의 관계를 살펴야 한다.

관계는 곧 소속을 의미한다. 소속이 없는 사람은 주민등록이 없는 것과 같아 그는 사회에서 자신의 존재를 설명하기 어렵다. 예를 들어, 예수님을 영접한 사람은 자신을 이렇게 정의할 것이다. "나는 그리스도인이다. 하나님은 나의 아버지이시며, 나는 그분의 자녀이다. 그리고 나는 하나님의 가족이다." (참고로, "나는 초등학생이다, 나는 아버지의 아들이다."와 같은 답변을 해도, 인도자는 자연스럽게 받아들여야 한다. 이 또한 정체성의 일부이기 때문이다.)

성령님이 우리의 내면에 참 빛을 비추실 때, 우리가 그 빛을 받아들인다면 자신이 누구인지 깨닫게 된다. 이런 깨달음은 하나님의 은혜이다. 정체성이 불확실하면 자신의 성취나 타인의 평가에 따라 우쭐하기도 하고 쉽게 우울해진다. 정체성이 분명하다면 삶의 중심을 잡고 흔들림 없이 살아갈 수 있다.

2) "나는 무엇을 하며 살아야 하는가?"

예수님이 제자들에게 "너희가 무엇을 구하느냐?"(요 1:38)라고 물으신 것은 그들의 존재와 삶의 방향을 점검하는 질문이었다. 우리 인생도 궁극적으로 '무엇을 찾고, 무엇을 하며 살 것인가?'라는 질문과 맞닿아 있다. 인생은 우연히 흘러가는 것이 아니라, 하나님이 우리를 부르셨다는 사실을 깨닫는 데서 비로소 그 의미가 시작된다.

모든 사람은 하나님이 허락하신 유일한 삶의 자리에서 살아간다. 그리고 그 자리는 누구도 대신할 수 없다. 하나님이 각 사람을 향한 독특한 계획이 있기 때문이다. 그렇기에 우리는 하나님이 주신 자리에서 성실하게 살아갈 때, '나는 무엇을 하며 살아야 하는가?'(mission)에 대한 답을 발견하게 된다.

필자는 초등학교 5학년 때, 부모님 곁을 떠나 객지 생활을 시작했다. 그리고 고등학교를 졸업할 때, 어머니가 갑작스럽게 세상을 떠나셨다. 이후 십여 년 동안 직장생활을 하면서도, '왜 이렇게 애써 살아야 하는가?'라는 허무함 속에 갇혀있었다. 하지만 인생의 깊은 균열(crack)이 심장에까지 이르렀을 때, 비로소 예수님을 만났다. 그리고 그분 안에서 살아야 할 이유를 발견했다.

그리스도인은 직장을 통해 생계를 유지하지만, 직업을 통해 하나님의 부르심에 응답한다. 직업은 단순한 생계 수단이 아니다. 그것은 하나님이 우리에게 맡기신 사명(calling)이며, 우리가 이 땅에서 이웃과 더불어 살아가는 방식이다. 그래서 우리는 직업을 소명(calling)이라 부른다. 그리고 모든 그리스도인은 나이에 상관없이 '소망에 관한 이유를 묻는 자에게 대답할 것을 항상 준비해야'(벧전 3:15) 한다.

때로는 그리스도인도 삶의 무게에 눌려 우울해질 수 있다. 그러나 그 우울함조차도 하나님이 주신 소명을 다시 확인하는 계기가 될 수 있다. 만약 우리가 '왜 이 땅에 태어났는지, 무엇을 위해 살아야 하는지'를 분명히 알고 있다면, 우리는 더 이상 삶을 허무하게 여기지 않을 것이다.

예수님은 자신이 아버지의 뜻을 따라 이 땅에 보내졌음을 확신하셨다(요 8:42, 11:42, 17:21, 20:21). 또한, 이 땅에서 감당해야 할 아버지의 뜻도 명확히 알고 계셨다(요 6:38-40). 예수님은 자신의 삶을 통해 하나님께 영광을 돌리셨고, 이는 우리 그리스도인이 따라가야 할 길이기도 하다. 산 위에 있는 동네가 숨겨질 수 없듯이(마 5:14), 우리는 가정과 일터, 그리고 이웃 가운데 빛을 비추는 등불(마 5:15-16)이 되어야 한다.

"나는 무엇을 하며 살아야 하는가?"

이 질문은 단순한 인생 탐구가 아니라, 하나님이 우리를 부르셨다는 사실을 깨닫고 응답하는 과정이다. 그리고 그 답을 발견한 자는, 더 이상 흔들리지 않는다.

3) "나는 어디에서 와서 어디로 가는가?"

필자는 중학교 2학년 무렵, 인생이 어머니 태에서 시작되어 흙으로 돌아가는 과정에 불과하다고 여겼다. 그런 생각은 삶을 허망하게 만들었다. 어린 나이에 이런 허망함을 경험한다는 것은, 사람이 떡으로만 사는 존재가 아님을 보여준다. 그리고 이런 허망함의 사슬에서 벗어나게 된 계기는 예수님과의 인격적 만남이었다.

필자는 이유도 없이 찾아오는 우울한 생각과 감정에서 구원받아야 했다. 돌이켜보면, 구원을 '하나님의 형상 회복'으로 이해하는 것은 매우 인상적이고도 성경적인 접근이다. 예수 그리스도는 하나님의 형상이기에(고후 4:4), 성도의 구원이란 결국 '예수님을 닮아가는 과정'이라 할 수 있다. 예수님을 닮아가는 성도라면 우울감을 느낄 수는 있어도, 그것이 병적인 우울증으로 발전되지 않도록 해야 한다. 왜냐하면 예수님은 자신을 영접한 모든 사람에게 임마누엘을 약속하셨기 때문이다(마 1:23, 28:20). 그리스도인은 이미 영원한 하나님 나라를 향한 여정을 시작한 존재이다. 필자는 언제 어디서든 예수님과 접붙여(요 15:1-5) 사는 것이야말로 그리스도인이 영생하는 방식이라 믿는다.

성경은 성도의 기원과 목적을 다양하게 설명하고 있다. 이사야와 예레미야는 하나님께서 우리를 어머니의 태에서 지으셨다고 한다(사 44:2, 렘 1:5). 예수님은 성도의 기원이 위로부터 태어나는 데 있다고 말씀하신다(요 3:3). 따라서 한 그리스도인의 삶을 이렇게 고백할 수 있을 것이다. "나는 하나님의 뜻 가운데 부모님을 통해 이 땅에 태어났으며, 때가되면 영원한 하나님 나라에서 하나님의 가족으로 그리스도와 함께 영원히 살 것이다."

믿음의 조상 아브람은 갈데아 우르에서 태어났지만, 하나님을 믿은 후 하늘에 있는 '더 나은 고향'(히 11:16)을 사모하며 살았다. 그래서 그는 자신이 떠나온 땅으로 돌아갈 생각을 하지 않았다(히 11:15). 예수님 역시 자신이 하나님께로부터 오셨다가 하나님께로 돌아가실 것을 알고 계셨다(요 13:1, 3).

그러면 성도의 시작과 마지막은 어떤가? 성도는 부모를 통해 육신으로 태어나지만, 예수님을 영접하면 영적으로 다시 태어난다(요 3:6). 즉, 성도는 두 번 태어난 셈이다. 한 번은 땅에서, 또 한 번은 하늘로부터(요 3:3) 태어난다.

그리고 성도의 마지막은 그 시작보다 더욱 분명하다. 그들은 영원하신 창조주 하나님의 품에 안겨 하나님의 가족으로 영생을 누릴 것이며, 그 존재는 예수 그리스도처럼 의롭고 영화롭게 될 것이다(롬 8:30).

결국 자신이 어디에서 와서 어디로 가는지를 분명히 아는 자는, 조절하기 힘들 만큼 우울함과 절망감에 빠지지 않는다. 설령 삶이 힘들고 우울한 순간이 있더라도, 성도는 그리스도와 함께하는 순례자의 길을 걷고 있기에 천성을 향한 여정은 감사와 소망으로 가득할 것이다.

training 부록

Our Father,
who art in heaven,
Hallowed be thy Name,
Thy kingdom come.
Thy will be done,
on earth as it is in heaven.
Give us this day our daily bread.
And forgive us
our trespasses.
As we forgive those
who trespass against us.
And lead us
not into temptation,
but deliver us
from evil.
Amen.

과거를 기억하지 못하는 이들은
과거를 반복하기 마련이지만,
과거에만 머문다면 현재도
미래도 없다.

십자가와 부활은 어제의 사건이지만 오늘과 내일의 사건이다.

〈 인간 이해 & 정서, 성품 훈련 〉

SH 쉐마교육원에서 출판된 세 종류의 훈련 교재(이모션, Emotion/ 디바인 네이처, Divine Nature/ 더 패밀리, the Family)는 다음과 같은 인간 이해에 기초하고 있다.

1. 성경의 인간 이해

피조물인 인간은 분리될 수 없는 영적인 유기체(organism)이다.

교회교육은 전통적으로 (살전 5:23절에 근거하여) 인간을 '영(spirit), 혼(soul), 육(flesh)'으로 구분해 설명하지만, 이러한 구분이 실제 분리를 의미한다면 온전한 인간이라 할 수 없다. 창조된 아담(창 2:7)과 '신령한 몸'(a spiritual body, 고전 15:44)으로 부활하신 예수님의 모습을 떠올리면, 인간은 통합적 (wholistic) 영적 존재로 이해되어야 한다.

2. SH 쉐마교육의 인간 이해

사람의 성품은 '육신, 감정, 이성, 의지, 경건'의 영향을 받아 형성된다.

육신과 감정은 이성과 의지보다 사람의 활동에 더 강력하게 영향을 미치지만, 그리스도인은 '육신'(the flesh)대로 살 것이 아니라 '하나님의 영'(the Spirit of God, 롬 8:14)의 인도하심을 따라 경건(godliness)하게 살아야 한다(롬 8:12-14). 이는 우리의 삶이 육신과 감정에 휘둘리지 않고 하나님의 뜻에 순종하며 변화되어야 함을 의미한다.

SH 쉐마교육은 경건의 능력으로 육신과 감정을 조절하도록 돕고, 모든 성도가 하나님의 형상인 예수 그리스도를 온전히 닮아가도록 한다.

〈 쯔다카 Tzedakah 훈련 〉

예수님 당시에 '구제, 기도, 금식'은 경건을 드러내는 구체적인 행위였다. 그러나 바리새인들은 사람에게 보이려고 회당과 거리에서 나팔을 불며 구제하고(마 6:2), 공개적으로 기도하며(마 6:5), 금식할 때 슬픈 기색을 띠었다(마 6:16).

'쯔다카'는 원래 하나님의 공의(公義, righteousness)를 의미했으나, 후에는 구제(기부)의 뜻으로 사용되었다. 성경에서 가난한 자를 돕는 것은 자비를 실천하는 차원을 넘어, 하나님의 공의로우심을 나타내는 중요한 행위였다.

그러면 '가난한 자'는 누구인가? 구약에서 품꾼의 삯을 미루지 말고, 과부의 옷을 전당 잡지 말며, 추수할 때 다 수확하지 말라고 하신 것을 볼 때, '가난한 자'는 물질적으로 빈궁한 '레위인, 객, 고아, 과부'(신 16:11)가 이에 해당한다. 오늘날에는 지체 부자유자, 실업자, 병자, 불의의 사고를 당한 자, 개척교회 목회자와 그 가족, 독거노인 등으로 그 범위를 넓힐 수 있겠다. 필자 또한 성도를 통해 경제적 도움을 받은 경험이 있다. SH 쉐마 교육이 그 은혜에 대한 응답으로 하나님과 그 나라를 위해 쓰이길 바랄 뿐이다.

'쯔다카' 훈련은 지역교회보다 **가족 단위**로 진행하는 것이 좋다. 모금 방법, 구제 대상, 전달 시기(부활절, 성탄절)와 방법 등을 가족이 함께 상의하면 더욱 의미가 깊어질 것이다.

〈 메주자 Mezuzah 만들기 〉

"여호와께서 . . . 문 인방과 좌우 **문설주**(메주자, 히)의 피를 보시면 . . . " (출 12:23)
"네 자녀에게 . . . 네 집 **문설주**(메주자)와 바깥 문에 기록할지니라." (신 6:7-9)

유대인들은 '쉐마'(신 6:4-9)의 말씀을 넣어둔 메주자를 집의 문설주에 붙여놓음으로써 출애굽 사건과 하나님의 백성이라는 정체성을 기억하며 살아간다. 그들은 집을 출입하면서 메주자를 보거나 만지며, 쉐마의 말씀을 떠올리고 그 말씀대로 살아가려고 애를 쓴다.

한국의 지역교회는 소속된 성도들의 집 대문에 교패를 붙임으로써 그 집 사람들이 그리스도인이며 또한 특정 교회에 속해 있음을 외부에 알린다. 교패는 모양과 형식에서 메주자와 차이가 있다. 교패에는 지역교회의 이름이 새겨져 있지만, 메주자처럼 그 속에 하나님의 말씀을 넣어둘 공간이 없다.

✔ 준비물, 만드는 방법

■ 목 적 : 메주자에 쉐마(신 6:4-9)를 넣는 대신 가훈, 우리 가족이 받은 말씀, 기도 제목, 암송할 찬송 등을 넣고, 출입할 때마다 그 내용을 기억하게 한다.

■ 준비물 : (둥글거나 네모진 속이 빈) 통, 지점토, 아크릴(acrylic) 페인트, 붓, 바니시(varnish), 도어 후크(door hook) 등

■ 만들기 : 통의 겉면에 지점토를 겹겹이 붙인 후, 마르면 아크릴 페인트로 도색하고, 방습과 윤을 내기 위해 바니시를 칠한다.
말씀 등을 넣은 후 마개로 닫고, 도어 후크를 사용하여 문에 고정한다.
(통은 지점토가 마른 후에 빼내어 다시 사용할 수 있다.)

〈 서로의 가치를 칭찬하기 〉

♥ 아들 '박 * *'는 엄마 '함 * *'를 다음과 같이 칭찬합니다.

1. 다정하고 이해심 많은 하나뿐인 우리 엄마다.
2. 내게는 가장 가깝고 편안한 친구 같은 엄마다.
3. 누구에게나 상냥하고 배려심 많으신 분이다.
4. 어린아이처럼 순수한 마음을 가졌다.
5. 우리 가족 중에서 가장 머리가 좋고 똑똑하다.
6. 마음이 힘들고 지친 사람들에게 항상 위로해 주고 힘이 되어주려 한다.
7. 상대가 누구든 그 사람 눈높이에 맞춰 진심으로 대한다.
8. 어린이들에게는 정말 둘도 없는 친구이자 '히어로' 같은 사람이다.
9. 항상 가족들에게 헌신적이고 아빠의 든든한 버팀목이다.
10. 뭐니 뭐니 해도 우리 엄마는 세상에서 제일 예쁘다.

♥ 엄마 '함 * *'는 아들 '박 * *'을 다음과 같이 칭찬합니다.

1. 인물이 훤하니 잘 생겼다.
2. 웃을 때 너무 사랑스럽다.
3. 속이 깊다.
4. 애완동물을 잘 기르며 사랑한다.
5. 내 단 하나뿐인 자랑스러운 아들이다.
6. 요리를 잘한다.
7. 자신의 인생을 소중하게 여긴다.
8. 꾸준히 목표를 향해 나간다.
9. 아들 안에는 아름다운 것을 추구하는 마음이 있다.
10. 다정하다.

〈 세례 생일 축하 / 한 해의 계획 vision 나누기 〉

■ 세례 생일 축하

세례(침례)는 성만찬과 함께 예수님께서 명하신 교회의 성례전 중 하나로, 그리스도인의 정체성을 확인하고 지역교회에 뿌리를 내리는 중요한 사건이다. 이 세례가 교회만이 아니라 가정에서도 기념되며, 생애 전반에 걸쳐 의미를 지속할 수 있다면 얼마나 좋을까?

어릴 때부터 세례 생일을 출생일과 함께 기념하면, 자연스럽게 두 가지 생일을 받아들이게 된다. 성인이 되어 세례를 받더라도 가족이 이를 기념하면 그 의미를 깊이 새길 수 있을 것이다. 다만, 성탄절에 세례를 받을 경우, 예수님의 탄생과 겹쳐 세례 생일의 의미가 희미해질 수 있으니 고려하는 것이 좋다.

■ 한 해의 계획(Vision) 나누기

누구나 불확실한 미래 앞에 자신만만하기란 쉽지 않다. 그렇기에 가족이 모여 "우리는 한 해에 무엇을 하며 살아야 할까?" "내가 잘하는 것은 무엇이며, 어떻게 준비할까?" 등의 내용으로 대화하는 것은 값진 시간이다.

가족이 한 해의 계획을 나누고 서로 질문하며 답하는 시간은 각자의 생각을 성숙하게 하고, 가족 간의 유대감을 강화한다. 중간평가 시간을 가지면 서로를 돌아보고 격려할 기회가 된다. 이런 모임은 은퇴한 어르신부터 어린 자녀까지도 자연스럽게 참여할 수 있도록 따뜻하고 유연한 분위기에서 진행하는 것이 중요하다.

〈 자기 성찰 일기 〉

'자기 성찰 일기'는 '불안, 화, 우울' 같은 감정을 인식하고 이해하며 자신의 마음을 돌아보는 개인적인 기록이다.

생각은 종종 교묘하게 마음속에 숨어 자신의 정체를 감추곤 한다. 그런데 '불안, 화, 우울'과 같은 감정은 겉으로 드러난다. 따라서 감정의 원인을 탐색하다 보면, 그 감정을 유발한 숨겨진 생각도 드러나게 된다. 이처럼 자기 성찰의 실마리를 감정에서 찾기 때문에, 이를 '감정 일기'라 부른다.

1. 어떤 감정이 스쳐 지나가는가?

　　이유 없이 불안함이 몰려온다.

2. 그때의 상황은?

　　대학 졸업한 후 6개월이 지났고, 오후 4시에 혼자 집에 있었다.

3. 나의 반응은?

　　책이 손에 잡히지 않고, 친구를 만나기도 싫어 혼자 맥주를 마시며 넷플릭스를 봄

4. 왜 그렇게 반응했는가?

　　힘든 일이 있으면 혼술하며, 힘든 현실을 회피하려는 습관이 있음을 알아차림

5. 자기 성찰과 하나님의 뜻 발견

　　건축 관련 일을 하고 싶다. 다양한 친구도 만나고 정보도 얻고, 도전해야 하지 않을까?

6. 감정 평가　　　불안이 사라지고 마음이 밝아짐

7. 실천　　　　　　　　성찰한 대로 실천할 용기가 생김

〈 자율신경 강화 〉

우리는 심장이 피를 잘 펌프질하는지 신경을 쓰지 않고 살아간다. 또 음식물을 섭취한 후에 소화가 잘되고 있는지 주의를 기울이지도 않는다. 그뿐이랴? 산소를 충분히 마시기 위해 폐를 조절할 생각도 하지 않고, 체온을 일정하게 유지하기 위해 애쓰지도 않는다. 적어도 가슴에 통증이 느껴지고, 위가 쓰리며, 숨쉬기 힘들어지고, 추위와 더위를 느끼기 전까지는 자기 몸에 심장이 있는지, 위장이 있는지, 폐가 있는지조차 의식하지 못한다. 이는 우리 몸이 자율신경의 도움을 받아 자동으로 몸의 항상성이 유지되기 때문이다.

자율신경은 교감신경(交感神經)과 부교감신경(副交感神經)으로 구성된다. 교감신경은 긴급한 상황에서 신체 기능을 활성화하고, 부교감신경은 긴장을 풀어 몸을 안정시킨다. 예를 들어, 무서운 개가 쫓아오면 교감신경이 작동해 동공이 커지고 심장이 빨리 뛰며, 근육에 에너지가 집중된다. 반대로 부교감신경은 신체의 긴장을 완화하는 역할을 한다.

현대인은 지속적인 스트레스로 인해 교감신경이 과도하게 활성화되어, 평안을 잃고 다양한 질병에 노출되어 살아간다. 따라서 교감신경을 완화하고 부교감신경을 활성화하는 것이 필요하다. 이를 위해 규칙적인 운동, 균형 잡힌 식사, 충분한 수면, 긍정적인 사고가 필요하며, SH 쉐마교육에서는 **'성령의 복식호흡'**(교재 p.91)과 **'SH 쉐마 기도'**(교재 p.109)를 실천 방안으로 제안하고 있다.

〈 즐거운 교환 (사 53:4-6) 〉

루터(Martin Luther, 1483-1546)는 '갈라디아서 강해'(1519)에서 "우리의 죄는 예수의 죄가 되고, 그의 의는 우리의 의가 된다."라는 '즐거운 교환'을 소개했다. 그리스도는 십자가에서 우리의 죄를 담당하시고, 대신에 우리에게 자신의 의를 주셨다.

"하나님이 죄를 알지도 못하신 이를 우리를 대신하여 죄로 삼으신 것은 우리로 하여금 그 안에서 하나님의 의가 되게 하려 하심이라." (고후 5:21).

하나님께서 이처럼 손해가 되는 교환을 기쁨으로 감당하신 이유는 하나님은 사랑이기 때문이다. 십자가의 '즐거운 교환'은 모든 믿는 자에게 구원을 주시는 하나님의 능력이며 (롬 1:16), 하나님은 이 놀라운 은혜가 갈등과 분쟁이 있는 곳, 특별히 가정과 교회에 충만하기를 원하신다.

'즐거운 교환'을 하면서 동시에 '성령의 복식호흡'을 하는 방법을 소개하겠다.
들숨 때에는 성령님의 임재 가운데 그리스도의 선한 것들(생명, 사랑, 감사, 화평 등)을 마음속으로 받아들인다. 날숨 때에는 어둡고 부정적 감정들을 몸 밖으로 내보낸다. 이와 같은 과정을 반복하면 성전된 우리 몸에 하나님의 평강이 온전히 자리하게 된다.

죄와 사망, 영벌
질고, 가난, 절망
죄책감, 염려, 열등감
부정적 정서

의와 생명, 영생
치유, 부요함, 소망
자유함, 평강, 자존감
천국의 정서

즐거운 교환

〈 EMDR의 실천 〉

EMDR은 **빠른 안구운동**을 통해 억압된 기억을 정리하거나 재처리하는 정신 치료 기법이다. 이는 REM(Rapid eye movement, 급속 안구 운동) 수면과 관련이 있는데, REM 수면으로 좋지 않은 기억들이 정리되고 필요한 기억들만 뇌에 저장되기 때문이다. 우리가 자고 나면 마음이 편해지거나 문제 해결 방안이 떠오르는 것도 이 과정 덕분이다.

EMDR을 실천할 때, 단순히 빠른 안구운동을 넘어 십자가의 대속을 묵상하거나 창조 세계의 아름다움을 떠올린다면, 이 기법은 더욱 복음적으로 적용될 수 있다. 예를 들어, 산책 자체도 EMDR과 유사한 효과를 내지만, 이 과정에서 하나님의 은혜를 깊이 생각한다면 영혼의 치유와 신앙적 회복이 이루어질 것이다.

◆ EMDR로 치료하는 분야는?

- **트라우마 (사고, 폭력, 학대, 왕따)**
- **상실과 배신 (사별, 이별, 배우자외도)**
- **중독 (인터넷, 알코올, 쇼핑)**
- **스트레스**
- **자신감 부족**

(왼쪽은 한양대학교병원 홈페이지 캡처)

〈 EMDR 실행 방법 〉

1. 약간 어둡고 조용한 장소 (가사가 없는 경건한 음악도 좋다.)
2. 편히 앉아 심호흡하며 몸에 긴장을 푼다.
3. 과거의 '힘든 기억'(target memory)을 떠올리며 기다린다.
4. 이 기억이 신체의 어느 곳과 연결되는지 떠올린다.
5. (찢기신 주님의 머리, 두 손, 두 발을 **신속히** 갈마보며) EMDR을 실행한다.
6. 조용하고 안정된 곳에 누워 휴식을 취한다.

주제에 따른 색인표

교 재	교재(부록)	내 용	지침서
p.11, 문제 2	130	인간 이해 & 정서, 성품 훈련	13
13, 〃 2	131	쯔다카 훈련	15
15, 〃 3	132	가정교회의 모임	17
39, 〃 3	133	메주자 만들기	52
41, 〃 2	134	서로의 가치를 칭찬하기	55
45, 〃 6	135	세례 생일 축하	64
45, 〃 6	135	한 해의 계획 나누기	64
55, 〃 2	136	신체 기관 그리기	74
67, 〃 3	137	자기 성찰 일기	91
71, 〃 1	138	자율신경 강화	94
91, 〃 3	138	성령의 복식 호흡	126
109, 〃 3	138	SH 쉐마 기도	154
125, 〃 3	139	즐거운 교환	182
126, 〃 4	140	EMDR의 실천	184

동영상 안내

교 재	내 용	지침서
1. p.15, 문제 3	말하는 공부방	17
2. 69, 〃 1	남녀 데이트	92
3. 83, 〃 2	첼리스트	114
4. 97, 〃 1	우리를 화나게 하는 것들	133
5. 99, 〃 1	로자 파크스 사건	137
6. 101, 〃 2	화로 인한 뇌의 변화	141

지은이 : 박주인 오경남 진수일 최인호
교신저자 : 박주인(010-8744-1502)
(shwave119@gmail.com)

값 20,000원

더 패밀리 지침서 - 하나님 나라의 가족

1판 1쇄 발행 2025년 4월 2일

저자 박주인 오경남 진수일 최인호

편집 윤혜린　**마케팅·지원** 김혜지

펴낸곳 (주)하움출판사　**펴낸이** 문현광

이메일 haum1000@naver.com　**홈페이지** haum.kr
블로그 blog.naver.com/haum1000　**인스타그램** @haum1007

ISBN 979-11-7374-035-0(03230)